媽祖廟

種子幼稚園的鄉土文化課程

林楚欣、孫扶志　編著

八仙創作—曹國舅

八仙創作—何仙姑

編著者簡介

林楚欣

學歷

美國亞利桑那州立大學幼兒教育
碩士、博士

經歷

台中縣塗城國小教師兩年
靜宜大學教育學程副教授兼主任
台中市種子幼稚園教學顧問
台中縣幼稚園、托兒所評鑑委員
台灣嬰幼兒教保學會理事長
朝陽科技大學幼保系（所）系主任

現職

朝陽科技大學幼兒保育系所專任
副教授

孫扶志

學歷

國立台灣師範大學教育心理與輔
導研究所博士
國立台中師範學院國民教育研究
所碩士

經歷

台北縣文德國小、台中縣潭陽國
小教師共九年
台中師範學院、台灣師範大學兼
任講師
台中市、彰化縣托兒所評鑑委員
台灣嬰幼兒教保學會秘書長
朝陽科技大學幼保系（所）副主任

現職

朝陽科技大學幼兒保育系所專任
助理教授

八仙創作～韓湘子

八仙創作～呂洞賓

各章節作者簡介

張淩蘭

學歷

靜宜大學青少年及兒童福利學系、幼教學程

劉婷如

學歷

朝陽科技大學幼兒保育系

呂蘭欣

學歷

靜宜大學中文系、幼教學程

張孟容

學歷

朝陽科技大學幼兒保育系

郭佩鑫

學歷

文化大學生活應用科學系、幼教學程

郭晴美

學歷

朝陽科技大學幼兒保育系、幼教學程

陳佳慧

學歷

台中師範學院幼兒教育學系

吳淑蓮

學歷

弘光科技大學幼兒保育系

陳麗惠

學歷

台中師範學院幼兒教育學系

葉怡君

學歷

台中師範學院幼兒教育學系

代序

　　九九九年六月創校至今,轉眼間,種子幼稚園已經近七歲了。這一路走來,種子幼稚園以人本觀、建構論和開放的精神作為辦學最高指導原則,重視孩子完整的發展,融合角落情境、主題課程、全語言概念、檔案評量、家園同心等元素,力行「符合孩子身心發展的專業幼教」。種子幼稚園的自我期許為:以智慧,選擇生命的價值;以愛心,灌溉孩子的心靈;以勇氣,堅持專業的信念;以行動,實踐教育的理想。

　　自創校之初,林楚欣教授就是我們的教學顧問,她對幼教的專業堅持是種子幼稚園的明燈,不讓我們在極度商業化的幼教環境中迷失方向;她對種子幼稚園真心的關愛和指教,敦促著我們的成長。這些年來,誠如她所言,我們一直維持著互相陪伴的關係。

　　「主題教學」在種子幼稚園早已開花結果,老師們一次又一次的透過主題課程將孩子帶至學習的巔峰狀態,校園裡經常有孩子盡情探索、熱切工作、合力創作的身影;也有在戶外遊戲場上恣意奔跑、盡情想像、豪氣喧囂的畫面。我看著老師們無私的奉獻、孩子們快樂的成長、家長們滿意的笑容,一方面感到很幸運能有這群伙伴,一起為幼教獻力;但也覺得肩上的壓力很大,因為辦學著實肩負著很重的社會責任。

　　繼《小白鯨洗衣店》在二〇〇四年出版之後,園內的老師主動表示有意願自己來記錄教學故事,楚欣教授也很鼓勵老師們做做看,加上二〇〇二年的「大甲媽祖」主題出書的美夢未成,大家就毅然決然再走一次「媽祖」的主題,並確實做好課程紀實,希望能與幼教界的朋友再一次分享種子幼稚園在教學上的努力。楚欣教授找來她的同事——孫扶志教授,希望借重他的專長——鄉土教學,共同為種子的第二本書努力。

　　在十三週的過程中，承蒙兩位教授的幫忙和支持，提供了不少教學資源，讓老師們在教學上的諸多困難得以迎刃而解，更感謝兩位教授針對此次「媽祖廟」主題提出理論基礎，讓我們更確定自己所做的不致偏頗。也特別謝謝惠娟教授對老師們的文章所做的刪修。

　　非常感謝參與撰寫這本書的所有老師們，若不是您們的教育良心和堅定的意志力，種子幼稚園不可能有這樣美好的教學紀錄得以和世人分享。凌蘭、婷如、蘭欣、孟容、佩鑫、晴美、佳慧、淑蓮、麗惠、怡君，在此，請讓我向您們致上最高的敬意和謝意！謝謝您們為種子幼稚園的孩子和家庭所做的一切。

　　為了不要讓您錯過孩子在「媽祖廟」主題中所經歷和所創造的色彩，以及讓您有機會看到更完整的主題內容，又不想增加書本的篇幅，所以我們在文中盡量少放圖片，但在書後附上兩片光碟，內含三百多張照片和一小時左右的影片，您將可以看到最真實、最完整的畫面。最後，也要感謝心理出版社總編輯林敬堯先生對本書的支持，在此一併附上謝意。

種子幼稚園創辦人

傅鈞良

二○○五年十二月十二日

編著者序

　　台中市種子幼稚園二〇〇二年進行了一次「大甲媽祖」主題，過程和結果都相當豐富精彩，很受各界稱許。二〇〇五年該校再次以「媽祖廟」為主題，卻發展出和三年前大異其趣的課程內容，不僅落實主題課程和鄉土文化教學的精神，還帶領孩子歷經一段富含美術和文學的創作性戲劇經驗。這本書由該校四個班級的老師親自記錄了自己班上的課程故事，再從「萌發課程」、「鄉土文化教學」和「創作性戲劇」等三方面深入探討實務背後的理論基礎，書末並以兩片光碟呈現豐富的照片和影片，讓讀者有機會透過影像較完整的了解課程的過程，並欣賞孩子創作的精湛原貌。

　　這本書有別於目前國內已出版的多本課程故事類的幼教書籍，其創新如下：

一、它是國內目前有關幼兒鄉土文化教學的第一本課程紀實。

二、四個班級同時進行同一個主題，卻發展出四種不同的課程內容和特色，充分實踐萌發課程的精神。而這樣的課程故事在國內也是第一本。

三、它的課程故事記錄完整但不瑣碎，精簡又不失真，讀來既有趣又容易理解。

四、書中除了文字和部分圖片外又附上兩片光碟，內含三百多張照片和一小時左右的影片，是目前國內提供影像資料最豐富的一本幼教相關書籍。

五、它是一個融合主題、鄉土文化、創作性戲劇的課程故事，而且可以清楚看到理論與實務如何在這三方面結合。

六、它還記錄幼稚園的行政如何支持教學，以及如何串聯各班的教學成果和家長及社區分享，是幼托園所極佳的參考作品。

　　身為編著者，我建議您先讀本書第三至六章，並同時觀賞「光碟一」中的照片，清楚了解四個班的課程發展歷程後，再閱讀第七、八、九章，然後再觀

賞「光碟二」的教學成果展影片，您一定會被老師的努力和孩子的能力感動。接著，再請您繼續讀第一章、第二章和第十章，掌握課程背後的學理基礎。如此，您將發現本書的高度價值。

　　如果您讀過由光佑出版社在二○○四年出版的《小白鯨洗衣店》，就很清楚知道我和種子幼稚園的關係，而且上個月（二○○五年十一月）我在新竹教育大學幼教系辦的一場研討會中也發表了一篇文章——〈兩千多個互相陪伴的日子——我的幼稚園輔導經驗〉，清楚陳述這些年來我們如何彼此關心和幫助，所以我就不再於這裡贅述我對種子幼稚園的感情了！只想再一次對創辦人傅鈞良先生表達心中無盡的謝意，以及對種子幼稚園的所有老師們表示由衷的敬意，沒有您們大家的努力和熱忱，種子幼稚園的課程經驗就無法與世人分享，台灣幼教界就少了一個供大家學習的典範。這本書是種子幼稚園的第二本書，我誠摯希望，種子幼稚園在未來還有第三本、第四本……，繼續將幼教師的榮耀和驕傲與關心幼兒教育的朋友分享。

　　在這裡還要特別感謝孫扶志老師在鄉土文化教學部分的大力協助，在主題進行的過程中，因為他在此方面的專業，提供不少建議，而本書第二章也由他執筆，突顯本書在鄉土文化方面的特色。若不是他因行政工作忙碌不已，他定有時間可以在此方面有更多著墨，希望以後我們還有機會再次合作。

林楚欣

寫於二○○五年十二月十七日

Content 目錄

第一章

從媽祖廟主題看課程的萌發

林楚欣

龍柱的設計圖

一　何謂萌發課程？

　　「萌發」（emergent）一詞在幼教的天地裡，就屬最常出現在萌發課程（emergent curriculum）和讀寫萌發（emergent literacy）中了。筆者對「萌發」的詮釋是：在自然的情境中，當各種要素齊備，匯聚而成一股能量，促使某種事件或孩子的某種能力自然發生，它們並非經由刻意安排或正式教導而成，卻具體鮮明的呈現出孩子的興趣、需求和能力；就像一顆種子在大地中汲取適合它的養分和能量，待時機成熟，它就會自然發芽一樣。所以，「萌發課程」就是在課程的行進過程中，教師不堅持預設的課程，卻留給課程自然發展的空間，仔細觀察、聆聽孩子發出的訊息，尊重孩子的能力和興趣，並評估各種條件後，再決定學習活動的內容和形式，讓課程自然萌發而成。事實上，萌發課程和開放教育有異曲同工之妙，開放教育的核心概念就是以孩子為中心，並保持教育過程中各個層面的開放性，包括課程內容、教學方法、空間情境、活動形式、教師角色、學習者角色、教學過程的參與者等等，而這樣的開放精神也正是「萌發課程」的源頭活水。

　　「萌發課程」並不是一個在「主題」和「方案」之外的新名詞，如果說方案工作是進行主題教學時的一種探索方式，那萌發課程就像主題前進時的導航者，決定了主題課程的方向和內容。換句話說，主題教學因方案探索而豐富深入，也因萌發課程而帶來一次次的驚喜，在尊重孩子的大原則下，讓孩子的主動性隨著教師和環境的支持，締造一連串既自然又有意義的課程故事。

　　萌發課程的發展符合「建構論」的精神，讓孩子置身於一個有意義的學習情境中，啟動孩子的主動意願和學習熱忱，孩子們必須親身經歷一連串的探索、發現、解決問題、協商、合作、創造……等歷程，逐步增加或修正自己的認知、技能和情意的架構。換言之，孩子的經驗是架構在一個焦點之上的，每一個學習活動都是息息相關、環環相扣，課程發展深具脈絡，對孩子也深具意

義，非但不唐突、不零碎，反而是全面而統整的。

二　媽祖廟主題中的萌發課程

　　這本書的第三至六章記錄了四個班的課程故事，雖然主題都是「媽祖廟」，卻各自發展出自己班級的課程特色和主軸，即使在課程開始之前，老師們已經討論出一些課程的內容，並由兩位老師先行畫出主題網和構思出許多可能的學習活動，但這對每個老師而言，都只是參考資料，她們都留給課程很大的彈性和空間，等著孩子一起來「萌發」。四個班級在主題開始的第一天，都從過年時到廟裡拜拜的經驗談起，但接下來的發展就各異其趣了。

三　太陽家

　　太陽家的主題故事從「龍家囍事」（龍生九子）的故事出發，並利用校外教學到萬和宮媽祖廟和台中孔廟去尋訪龍的足跡，進而衍生出在教室裡建造一座廟的構想。由於孩子在參觀廟宇時，意外的發現「康樂台」，這也讓孩子萌發演戲的興趣，並決定將教室中蓋好的廟宇轉為戲台之用。此外，由於孩子對「龍」的高度興趣，老師接續介紹了幾個和龍有關的故事，「花木蘭」中的木須龍角色吸引了孩子大部分的注意力，於是「花木蘭」的故事就成為孩子當時的最愛，後來也變成太陽家紙影戲的劇本。

　　至於「紙影戲」的萌發歷程更是有趣！孩子從家裡帶來許多「花木蘭」故事中的角色玩偶，老師介紹後無心的放在桌上，有一天，天氣昏暗，老師打開桌上的檯燈，孩子竟意外的發現玩偶的影子，老師順水推舟，接著設計了一系列的光影遊戲，巧妙的帶進「皮影戲」的介紹，孩子也因此決定要以「紙影

戲」的方式演「花木蘭」的故事給媽祖看，當然接下來就是為籌備「花木蘭紙影戲」方案的一連串工作，包括劇本、製作偶、操偶、影幕創作等等。

四 月亮家

月亮家的課程發展則從媽祖林默娘的傳說開始，接著也透過拜訪萬和宮，萌發了蓋一座廟的動機，蓋這座廟的過程中，孩子遇到一些困難，所以決定二度探訪萬和宮，希望將廟宇的外觀做到最完整。這個過程裡，孩子認識許多廟宇上的吉祥動物，因而衍生對「龍」的興趣，於是「龍家囍事」的故事也在月亮家大受歡迎，但與太陽家不同的是，月亮家的孩子對故事中「八仙來祝賀」的情節產生好奇，也因此萌發一系列對八仙相關事蹟的探索。教人訝異的是，為了尋找廟宇裡的八仙，月亮家竟第三度探訪萬和宮，其研究精神，實在教人佩服。

孩子在聽完「龍家囍事」的故事後，主動提出「好想演戲喔！」的高度意願，老師於是就帶著孩子演一下「八仙過海」，過過戲癮。接著巧遇媽祖生日，老師帶著孩子到成興宮廟埕看了一場「布袋戲扮仙」，接著回校順勢介紹也有「歌仔戲扮仙」喔！透過多元媒體的利用，老師介紹了歌仔戲的曲調、服裝、身段、道具，沒想到，孩子對歌仔戲竟也是興趣勃勃，就這樣，開啟了月亮家「八仙慶壽歌仔戲」的戲碼。

五 小熊家

小熊家的課程也是由媽祖林默娘的故事和廟宇建築開始，同樣在參觀萬和宮之後，在教室蓋了一間廟，但重點和月亮家不同，月亮家特別重視廟宇屋頂

的「雙層造型」和上面的吉祥動物，還多次拜訪萬和宮，小熊家則是花很多時間在「龍柱」上，也因此萌發對「龍」的深入研究，太陽家先前針對「龍」的討論所留下的資料，也在此時成為小熊家應用的教學資源之一。

因為從主題進行之初開始，小熊家的孩子每天早上都畫了一頁媽祖林默娘的故事，還會私下演起自己編的故事，所以在廟宇建造完成後，老師便帶著孩子玩起「媽祖林默娘故事接力」的遊戲，讓孩子天馬行空的編織故事，許多孩子都把自己曾畫過的內容反映在這次的故事接力中，這也為後來小熊家演出的布袋戲奠定了劇本的基礎。

配合媽祖生日即將來臨，老師開始帶入廟會活動的介紹，孩子因為上學期末的新年活動時看過一場布袋戲，所以在當老師介紹到廟會的戲曲活動時，孩子便主動提出「要演布袋戲給神明看」的意願，也開啟後續的劇本創作、布袋戲偶製作、裝置戲台等工作，為「萬花筒之心布袋戲團」的演出忙碌不已。

黃鶯家

黃鶯家也是從媽祖的傳說開始，然後帶孩子參觀萬和宮兩次，再發展出裝扮區的裝置。特別的是，黃鶯家裝扮區的重點不是廟宇外觀，而是廟宇的門神和內殿的神像，他們創作了與老師一般高的兩尊門神、一尊很大的金面媽祖，以及千里眼和順風耳，並邀請校內各班師生和家長前來參觀和祭拜。

介紹廟會活動時，黃鶯家的孩子對陣頭技藝中的「舞龍舞獅」產生高度的興趣，為因應成果展的活動，老師也就順水推舟，帶孩子進入祥龍獻瑞和祥獅獻瑞的探究歷程，並展開舞龍與舞獅的製作，多虧家長的協助縫製，讓孩子有機會實現舞龍舞獅的夢想。

七 媽祖廟萌發課程的評析

從上面四個班級的萌發課程簡介中，筆者做出以下的評析：

1. 各班的課程內容有其共同點和重複的地方，但順序不太一樣。例如，講述的故事、蓋廟的歷程、廟會的介紹等。

2. 即使是講同一個故事，每個班的孩子發生的興趣都不一樣。例如，在聽完「龍家囍事」的故事後，太陽家對龍深深喜愛，但對月亮家的孩子而言，八仙來祝賀情節裡的「八仙」才是他們的興趣所在。

3. 每個班都蓋了廟，但廟的重點、特色和功能都不同，太陽家的廟很快就決定變成戲台，而月亮家和小熊家都因找到教室外額外空間來擺設這座廟，加上他們的廟的確做得精美，所以一直擺放著供大家觀賞，至於黃鶯家的媽祖神像則引來一些家長的參觀，還帶來供品祭拜呢！

4. 同樣是介紹廟會，小熊家愛上布袋戲，月亮家引發對歌仔戲的著迷，黃鶯家則喜歡舞龍舞獅。這並不表示孩子對其他班所選的廟會活動就完全不感興趣，但為了因應成果展，老師們希望自己班的呈現方式不要和別班重複，所以在引導的過程中，也就各對不同的廟會活動多下一些功夫，巧妙的是，各班的孩子果然對不同的廟會活動情有獨鍾。

5. 四個班的孩子都選擇用「演戲」的方式來呈現學習成果，不僅選擇的表演形式不同，連演出的故事也不同。太陽家因為愛上木須龍而選擇「花木蘭」；月亮家因為對八仙充滿興趣而選擇演出「八仙慶壽」；小熊家則因編繪媽祖故事的經驗，決定改編「媽祖林默娘」的故事作為劇本；黃鶯家則決定模仿「舞龍舞獅」。但相同的是，這些都是孩子自己的選擇，也都是在課程的自然情境中萌發而來的。

6. 為因應孩子對萌發課程的高度興趣和學習動機，教師必須掌握時間儘速做好教學準備，以免錯失良機。從這四個班準備的教學資源看來，全校

幾乎都動員起來，除了主管適時提供許多書籍、圖片、影片、相關研習課程外，各班的老師（甚至連小幼班的老師）也都親自到廟宇拍攝照片或錄下媽祖遶境的實況，就連孩子以及家長也都主動提供相關資源或協助，讓課程的發展更順利。

7. 各班的課程都本著統整不分科的精神，且尊重孩子的興趣順勢而行，讓孩子置身於一個有意義的學習情境中，啟動他們主動參與的意願，讓學習更深入、經驗更深刻。媽祖廟的主題雖然以鄉土文化為核心，但課程中自然的融合了語文、歷史、民俗、戲劇、美術、科學、數學、社會……等領域，孩子經驗的不是被切割後的學科，而是一件件真實完整的生活事件。

8. 隨著萌發課程向前推進，各班的孩子雖然可以持續面對自己興趣盎然的工作，但也經常會面臨許多挑戰和困難，教師便需適時的扮演鷹架的角色，讓孩子獲得適當的支持、協助或指導，進而促進孩子的發展。在媽祖廟主題之前，孩子、老師、家長可能都從沒想過孩子有能力了解這麼多民俗的知識、蓋這麼精美的廟宇、演這麼精采的戲，但在孩子的興趣驅策之下，加上教師有技巧的引導與鷹架，一切都化為可能，而且真的實現了。

9. 除了前面簡述的各班課程主軸外，其實在課程的行進中，還有許多較細節的萌發故事，尤其在合力創作的過程中，孩子經常萌發出新的興趣和解決問題的方法與能力，這些都可在第三至六章中看見。

10. 除了許多班上的課程內容是由萌發而來之外，就連成果展的形式和內容也是逐漸萌發而來的。教學主任雖然早就安排媽祖廟主題結束後，要辦一場教學成果展，邀請家長和各方友人前來參觀，但其中的細節也是經由觀察、了解各班的課程概況，並與各班老師商討後，才慢慢決定的。教學和行政必須密切配合，既然種子幼稚園的教學信仰開放教育，行政當然也要齊步而行。

結語

　　幼兒的身心發展尚未成熟，對世界充滿好奇，也充滿探索的慾求，建構論相信孩子有「從雜亂中學習」的潛能，應該讓孩子置身於自然的生活經驗中，逐漸建構自己對這個世界的理解和應對的方式，成人無需將自己已熟知的事物用自己的判斷和邏輯，強制灌輸給孩子，應該多留給孩子自己探索和發現的空間。成人可以做的，就是幫助孩子將「雜亂」的事物加以組織，使一群彼此相關的事物發生更緊密的結合，且匯聚到同一個主題之上，引導、支持孩子的學習動機。

　　在媽祖廟主題的發展過程中，我們看到孩子歷經一連串與媽祖廟相關的學習活動，沒有固定的教材、沒有進度、每班正進行的工作都不一樣、學習的場域可能是校內或校外、師生之間隨時都是討論的聲音、教室內外經常都充斥著創作的原料、半成品和成品，這些看似雜亂的過程，對身處其中的孩子而言，卻意義十足，孩子知道自己的任務，也明白自己班上的計畫，在老師的帶領下，所有萌發的事件都巧妙的發生了緊密的關聯，孩子也從中培養了新的能力、建構新的知識、拓展新的視野，更增添了不少自信。教師也透過這樣的歷程，學習了許多與主題相關的知識、培養了新的創作技能、見識了孩子的潛能，更重要的是，她們可能締造了一場讓孩子永生難忘的學習經驗。

　　這就是萌發課程的魅力所在！

第二章

融入鄉土文化的幼教主題課程與教學
——以媽祖廟主題為例

孫扶志

廟門創作

一 前言

　　近年由於社會與政治局勢的急遽改變，引起本土化議題與鄉土意識的日益顯著，教育主管機關為順應時代發展潮流，也積極進行教育政策的彈性化與鄉土化；台灣國民小學鄉土教學活動，自一九九三年納入新課程標準，成為小學課程中的一個科目；一九九六學年度起，更明令國民教育階段全面加強鄉土教學之課程。至民國二○○○年九月，教育部公布「國民教育九年一貫課程綱要」，新課程綱要的特色就是要加強鄉土教學，培養學生對自己生長的鄉土有更多認知的情懷，使學生達成「鄉土心、台灣情、世界觀」。為達成此目的，特別在國中小課程設計上，強化落實「鄉土教學活動」之學科教學；尤其「國民教育九年一貫課程綱要」的公布施行，強調「學校本位」及「課程統整」兩大主軸，希望留給學校及教師更多的彈性空間與時間，落實以學校在地文化與資源為核心的學習主題脈絡，促使教師在課程發展及教材設計的能力提升，更是各級教師必須面對的重要挑戰。

　　幼兒教育為國民教育之基礎，近年在「幼小銜接」與「幼托整合」議題上，尤其重視兩階段在課程整合形式（主題統整）與教學創新（自主建構）上的銜接。幼兒年紀小，生活中人事物的互動與學習，即多以鄰近周遭之社區為主要核心，因此，親近鄉土熱愛家園，本來就是人類一種源自天性的情感流露，對幼兒乃至於中小學生而言，鄉土更是他們生活的地方，也是他們成長的地方，所以感覺最熟悉、最親切。鄉土教育的材料取材自孩子鄰近熟悉的鄉土景點與文化資源，最能結合他們成長歷程中的經驗，最能提供孩子們好奇探索、操弄、反覆觀察的機會，也最能引起他們的學習興趣，發展出具有深厚意義的鄉土認同意識與文化價值，使學習成為一種有趣的、有用的和有情的學習。因此，在杜威「教育即生活」、「做中學」觀念下，幼兒主題式統整課程已蔚為目前幼教主流趨勢之際，鄉土教學如何融入主題統整，落實園所本位課

程，以提升幼兒對鄉土的認識與了解，更是當務之急。

 ## 幼兒鄉土教育的意義、內涵與目標

（一）幼兒鄉土教育的意義

　　所謂鄉土，泛指一個人出生之地或長久居住之處；鄉土的意義，依其成長年齡與空間之階層改變，概略可以定義為：

1. 鄉土是一個人出生的地方。
2. 鄉土是一個人出生或長期居住和生活的地方。
3. 鄉土是與其個人生活有密切關係之自然及社會。
4. 鄉土是指屬於我們所居住之本鄉本地的一切人為與自然環境。

　　因此，「鄉土」一詞可界定為：一個人出生或長期居住與生活的地方，並且涵蓋與其生活相關之自然、人文與社會的綜合體，是一個人深受其影響，對其具有深厚感情，並負有維護責任的地方。鄉土教育則係指：給與學生認識與其生活息息相關的鄉土環境之教育，不僅在使學生了解、認識我們所居住的鄉土環境，更在於建立情感的認同與聯繫。

　　所以，幼兒鄉土教育強調，以幼兒生、心理發展為教育的基礎，以幼兒日常生活中心為學習的起點，強調孩子要由其生活環境的經驗，透過園所教師、社區成人的引導與人際互動的學習過程，建立其主體的系統知識。因此，鄉土教育可說是一種社區中的生活教育，也是一種多元文化教育、學習互動與問題解決的綜合教育（陳國彥，2003）。

（二）幼兒鄉土教育的內涵

　　一般中小學所進行的鄉土教學，若從學科類別而言，其課程內涵依教育部（1993）「鄉土教學活動」規畫小組認為，包括語文、歷史、地理、社會、政

治及生態等分立的學科系統。然就以幼兒為主體的統整領域課程發展模式而言，若以鄉土主題為概念網之核心，可以再擴展為鄉土語言、鄉土歷史、鄉土地理、鄉土自然與鄉土藝術等五大領域，並涵蓋以下內容：

1. 鄉土語言：母語（閩南語、客語、原住民語）、俚語、台灣諺語。
2. 鄉土歷史：家鄉地名沿革、家鄉族群、家鄉的經營與發展、民間信仰、歲時節令、先賢、古蹟、家鄉的建設與現代化。
3. 鄉土地理：家鄉的地理位置及行政區域、地質、地形與土壤、家鄉的氣候、水文、礦產與能源、家鄉人口與產業、交通與聚落、土地利用與區域發展。
4. 鄉土自然：家鄉的植物景觀、常見植物、民間藥草與節慶植物、家鄉特產的農作物、動物、家鄉的自然生態與保育。
5. 鄉土藝術：家鄉的傳統戲劇、家鄉的傳統音樂、舞蹈、傳統工藝與美術等。

（三）幼兒鄉土教育的目標

幼兒鄉土教育在落實本位課程中，在地社區文化的了解與認同，亦即希望幼兒在學習鄉土語言、地理、歷史、環境和文化習俗的課程中，能肯定自己並認同鄉土；由愛家愛鄉，進而愛國，並且發展多元的文化價值與世界史觀；能尊重每一個人，接受不同種族的文化與不同的國家。因此，其具體的目標包括：

1. 增進幼兒對鄉土文化的了解，培養幼兒熱愛鄉土的情懷；
2. 增進幼兒對鄉土環境的了解，培養幼兒愛護生活環境的情操；
3. 培養幼兒野外觀察的能力，提升家庭親子戶外旅遊的觀念；
4. 增進幼兒對鄉土問題的了解，培養孩子未來服務社會的熱誠；
5. 培養幼兒對各族群文化的尊重，增進社會族群間的和諧。

三　幼兒鄉土文化教學的實施

（一）幼兒鄉土文化教學的方法

　　人類對於事物的學習大多數均須透過視覺和聽覺，在經驗獲取的途徑中，視覺經驗占 40%，聽覺經驗占 25%；若能將視覺與聽覺兩者加以結合，則可達 70%（李宗薇，1994），足見多元感官的同時學習經驗，更能加深學習的記憶與效果。針對幼兒鄉土文化教學的方法，最佳的方式就是讓孩子有「親身體驗」的做中學機會，直接從真實情境中的觀察、探索與互動，建構孩子對社區鄉土人文與自然的直接感受。因此，教學方法上，強調以下兩種策略：

● 圖 2-1 戴爾的經驗金字塔

1. 直接的體驗是學習的基礎

　　「讓學生自己動手做」是幼兒鄉土教育的核心精神，亦即教師應提供具體且真實的操作體驗活動，並運用廣大的社區資源，作為實施的活教材，幫助幼兒在實際的生活經驗中觀察、體認與省思；透過與成人、教師或經驗較為豐富之同儕團體「支持性的對話」（ZPD，Vygotsky 之最大可能發展區理論），增加幼兒對鄉土事物知性的了解與感性的情懷，促使生活與教育、知識與經驗有最綿密的融合。

　　誠如 Edgar Dale 博士於一九五四年其《視聽教學法》（*Audiovisual Methods*

in Teaching）一書所提出之「經驗塔理論」（Cone of Experience）所言，學習所得的經驗依照它的抽象程度可分為三大類：動手做的經驗、觀察的經驗與抽象的經驗。並據此區分為十一個階層，包括：有目的的直接經驗、設計的經驗、參與戲劇的經驗、觀摩示範、參觀旅行、參觀展覽、電影與電視、廣播、錄音、照片、幻燈、視覺符號、口述符號等經驗。Dale 經驗金字塔理論強調：經驗金字塔最底層的經驗最具體，愈往上升，則愈趨抽象。針對幼兒而言，有效的學習的方式，必須充滿具體的經驗，教育應從具體經驗入手，逐步延伸到抽象。

2. 深入文化探索的生態區域觀點

針對鄉土教學的核心觀念，近來許多教育學者倡導從生態區域觀點（eco-regionalism）出發，來看待鄉土教學的重要性（王淑枝，1998），主張學習者應常以本身社區為核心，深入了解進行探究活動，以掌握這片土地及其一切人文與自然資源的特徵，如此才能培養出人們對鄉土與社區環境的歸屬感，覺知自己是社區中的成員，從而樂於合作、參與和回饋。因此近年大力推展的校園學習步道與社區學習步道之建置，配合學習步道活動單的課程設計，鼓勵孩子從身邊的事物深入了解，更能落實社區的文化探索與傳承（孫扶志，2004）。

（二）幼兒鄉土課程的實施模式

目前幼兒鄉土課程之實施，大約可區分為以下四種模式，可以單獨運用，亦可依不同主題階段擷取適合的模式加以整合：

1. 直接以鄉土概念為主題

目前許多園所曾經實施過的鄉土主題，例如，以「童玩」為教學核心的「古早味」主題；以「廟會活動」為核心的「媽祖廟」主題；以「傳統中國年俗」為核心的「過新年」或「春節」主題等，因此類鄉土概念內容延伸豐富，足以實施四至八週完整的鄉土探索課程。

2. 配合節令融入主題課程之中

大部分的幼教課程設計，多採用此融入模式，如傳統重要節日中的「冬至——搓湯圓」、「端午節——包粽子、立蛋」、「中秋節——賞月、吃月

餅」、「鬼月──中元普渡」、「清明節──掃墓、尊親孝思」等相關民俗節慶，配合學期中之主題課程，進行融入設計（黃政傑，1994）。

3. 隨機的鄉土文化教學

配合相關主題課程，適時結合社區鄉土景點（拜訪土地公廟、老樹、老建築）、文化習俗（媽祖遶境、民間建醮大拜拜、婚喪喜慶儀式）、歲時節令（元宵、清明、端午、中元普渡、冬至）、傳統技藝（舞龍、舞獅、迎神陣頭、扯鈴踢毽、捏麵吹糖……）、媒體事件（古蹟修復、環保抗爭、八家將）等相關議題的隨機調整與融入。

4. 配合鄉土繪本與故事，融入主題課程設計

如直接運用中國民間故事《十兄弟》、《白賊七》、《虎姑婆》、《鴨母王》（台灣囝仔聽故事──松風圖書）；神話傳說《后羿射日》、《愚公移山》、《十二生肖的故事》；童謠《火金姑》、《西北雨》；現代鄉土民俗創作《大頭仔生後生》、《龍家囍事》、《草鞋墩》等故事繪本，配合相關主題課程進行時，即可融入語文領域、閱讀角落，進行延伸教學。

以種子幼稚園「媽祖廟」主題為例，既直接以傳統民間信仰「媽祖廟」為探究主題，又考慮到傳統農曆三月──台中縣大甲鎮「鎮瀾宮」的「媽祖遶境」習俗，配合媒體強力促銷之「二〇〇四國際觀光文化節」，引發師生對媽祖議題探究的投入；繼而在探究此主題過程中，又引發對廟會活動的好奇，興起直接扮演相關戲劇活動的動機；過程中老師又結合了《媽祖回娘家》、《龍家囍事》、《龍來的那一年》等繪本，及「布袋戲的世界」、「大甲媽遶境進香」、「下課花路米──歌仔戲」等 VCD 紀錄片，更提供了孩子在媽祖文化知識探索上的基礎，足見此即整合了多種鄉土課程與教學的實施模式。

（三）幼兒鄉土主題統整課程的設計步驟

幼兒主題統整課程，係針對幼兒感興趣的特定主題，由師生共同計畫或是由幼兒自己計畫，並依計畫進行，針對一個主題作深入的探討，強調幼兒自主學習，重視幼兒內在的學習動機，更是一個教與學互動的過程。若從鄉土教學的角度，在師生討論以此鄉土概念為核心之主題概念網後，藉由教師安排相關

15

的參訪、資源蒐集與分享介紹後，增加幼兒對該主題之先備知識與經驗，再讓幼兒選擇所欲探究之各個不同興趣的主題，進行深究的建構活動。

以種子幼稚園實施「媽祖廟」主題為例，其主題課程實施的程序，包括：

1. 選定主題（參觀、觀察、團討、媒體事件與民間信仰文化引發討論與深究……）

2. 主題進行
   ⑴主題概念網（師生腦力激盪、團討紀錄）。
   ⑵主題探索活動（參訪萬和宮、探究廟宇建築與裝飾藝術）。
   ⑶主題發展與表現（設計與製作廟宇、龍柱；媽祖祭祀、廟會文化——布袋戲、歌仔戲、皮影戲、舞龍舞獅陣頭、遶境活動……）。
   ⑷主題討論與回饋（太陽家——龍與石獅造型的討論與建構；小熊家——廟宇格局與裝飾藝術、媽祖林默娘劇本的討論與角色分派；月亮家——石獅與門神的造型、八仙戲劇角色的角色討論與協商；黃鶯家——媽祖廟的建置與裝飾、拜拜的民間信仰與文化）。
   ⑸主題多元評量（繪製廟宇、龍柱設計圖、創造龍字、萬和宮寫生、製作布袋戲偶等個人創作；廟宇、石獅、門神、龍柱的小組情境建構之合作學習；布袋戲、歌仔戲、廟會舞龍舞獅陣頭、皮影戲等的製作、排練與戲劇呈現的實作評量；最後學習歷程與成果的個人檔案評量）。
   ⑹主題分享（外顯活動成果展現，包括教室內外的情境建構、歷程中平面設計與立體塑型作品的分享、成果發表會的廟會活動——小吃、遊藝與戲劇表現）。
   ⑺主題成果網（教師撰寫主題活動歷程的完整紀錄）。

3. 發展下一個主題（先進行前項主題活動的統整回顧，再進行延伸或轉銜，以形成下一個探索的主題）

（四）幼兒鄉土文化教學的活動方式

幼兒學習強調操作性的真實情境經驗，因此幼兒鄉土教學宜以「活動」方

式來實施，常用的鄉土教學活動方式包括有：

1. 蒐集資料：尋求網路史籍資料、訪問地方耆老、實地勘查等。
2. 經驗分享：針對主題內容尋求父母支援或社會人士之資源，以進行分享。
3. 專題研究：針對某一鄉土主題概念，進行深入的專題探究。
4. 討論：進行團體或小組形式的討論，以分享經驗、釐清概念或分派協商。
5. 訪問：直接拜訪主題相關人士，請求協助與分享。
6. 參觀：針對主題相關資源、景點，進行實地參訪，以了解概況。
7. 調查考察：針對主題進行深入探究與資料蒐集，以釐清某些概念之真貌。
8. 製作：進行設計與實作，以學習相關主題之技能表現。
9. 演示：進行相關主題概念的真實操作與表現。

　　以種子幼稚園「媽祖廟」主題課程為例，幼兒在老師的引導、支持與協助下，透過直接參觀「萬和宮」媽祖廟，進而從網路資源、專書（如《台灣民間陣頭技藝》、《我們去看戲》）、繪本（如《龍家囍事》、《媽祖回娘家》、《門神》等故事），及與父母分享的討論、假日休閒經驗等，形成對廟宇、龍柱、石獅、拜拜的傳統信仰，以及廟會文化的探索知識與學習動機。進而透過課堂上各領域的團討深究、美勞活動的實作分享（製作）與角落學習的探索延伸，鼓勵並誘發幼兒從事此主題情境的建構與戲劇活動表現（演示），成為一個完整豐富的鄉土主題探索課程。

（五）幼兒鄉土文化教學的資源運用

　　目前親師合作蔚為教改主流，尤其能結合家長與社區力量，引入教學資源，將對教師教學產生豐富多元與影響的助益。因故，幼兒鄉土文化教學能否成功，也絕非僅靠幼兒教師之力即可達成，幼兒教師可運用的相關社區資源途徑，包括：

1. 社區人力資源的運用

　　(1)蒐集地方士紳、耆老或在地居民具民俗藝術專長者之資料。

　　(2)訪問或邀請地方人士蒞園與孩子分享鄉土歷史、文物與技藝。

　　(3)結合親師合作活動，邀請家長協助參與鄉土教學與導覽。

2. 社區史料文物的資源運用

　　(1)蒐集過去的鄉土文物加以建檔陳列。

　　(2)蒐集老照片、典籍資料以供運用。

　　(3)探訪在地社區的老建築、地方古蹟，尋找歷史的遺跡。

3. 社區組織資源的運用

　　(1)邀請民俗團體、文史工作室、廟宇委員會等協助鄉土資料的蒐集。

　　(2)請求相關單位組織，提供廟會、民俗照片或影帶，以供教學之用。

　　(3)參訪老字號商行或機關團體，以了解社區歷史沿革與鄉土變遷與發展的全貌。

4. 社區自然環境資源的運用

　　(1)就鄉土地理位置、交通、行政區域進行參訪調查。

　　(2)拍攝社區相關鄉土資源與景點之照片，製作社區學習步道課程（車籠埔國小附幼，2005）、學習活動單或學習護照。

　　(3)融入自然保育觀念與行動，激發社區共同體的意識與認同。

四 種子幼稚園「媽祖廟」主題的鄉土課程特徵

　　種子幼稚園進行此一為期十三週的「媽祖廟」主題課程與教學活動，就整個鄉土文化教學的發展歷程來看，有以下幾項特徵：

（一）直接以鄉土信仰概念為核心的統整主題

　　本次種子幼稚園的「媽祖廟」主題，以民間傳統習俗為經，結合媽祖信仰

（媽祖得道升天的傳奇故事、千里眼與順風耳、拜拜祭祀、擲筊與抽籤、報馬仔）、七天八夜之遶境習俗（遶境鄉鎮、神轎出巡、傍轎腳）、傳統戲劇（布袋戲、歌仔戲、皮影戲）與建築藝術（廟頂裝飾、龍柱石獅、門神）、民間陣頭（舞龍舞獅）與廟口攤市文化；另以六大領域課程為緯，統整語文、常識、工作、音樂、健康與遊戲為教學活動的軸心，即是一個結構完整且涵蓋豐富民俗內涵的主題統整課程，此亦正足以提供幼兒深廣的知識探索與經驗建構的機會。

（二）強調情境學習的真實體驗與實作

　　整個「媽祖廟」主題課程的發展，盡可能呼應幼兒真實情境學習經驗之需求，提供多元的探索機會，尤其園所行政團隊的全力支援與教師的悉心計畫與引導，更讓整個主題教學隨各班孩子興趣焦點的不同而有多元的風貌，從經驗塔的學習經驗來看，有以下特點：

1. 提供有目的的直接經驗

　　在進行「媽祖廟」主題之始，老師們為加深孩子們有關廟宇建築、媽祖信仰文化等相關經驗，旋即籌畫了鄰近社區之南屯「萬和宮」媽祖廟的參觀活動，藉由廟方人員的引導與介紹，讓孩子深入了解寺廟建築（如屋頂造型、燕尾、瓦當、雨簾、龍柱、石獅……）、祭祀擺設（如天公爐、光明燈、金爐、擲筊、三牲四果等祭品……）、傳統宗教藝術（如龍馬負河圖、門神）、神明信仰（如媽祖、千里眼、順風耳、八仙圖……）等相關知識，甚至陸續因孩子的經驗未完整且探索好奇之心未減，分別依各班主題脈絡焦點的不同發展，又前往觀察、寫生記錄，及前往鄰近成興宮欣賞布袋戲「扮仙」的演出，持續孩子探索的熱情。

　　在孩子對此主題開始產生濃厚興趣，並深入探究廟宇建築上的特徵與差異時，老師又適時帶領孩子參觀「孔廟」，孩子從上一回參觀萬和宮的經驗及教室團體討論中對廟宇、中國龍的形貌所引發之好奇，更能專注於尋找「龍生九子，個個不同」的證據所在，並決定將以孔廟屋頂建築，為教室主題情境廟宇建構的範本（太陽家）。除此之外，過程中為了解石獅子不同的形貌，也因此

走訪社區中老師無意間發現的古董藝品店，更加深了孩子對石獅形貌的認知與了解。

2. 誘發情境建構與設計的經驗

在參觀完萬和宮、孔廟的經驗後，孩子們開始著手於不同焦點的主題情境建構。月亮家打算在教室外建築一座廟宇的屋頂，並進行屋頂上吉祥物的布置；另外一組孩子們對石獅有高度的興趣，打算在教室門外設計兩尊可愛的石獅。黃鶯家打算著手於門神的設計與製作，希望為教室門口樹立兩尊大門神，甚至還以老師的體型為範本，描繪巨大魁梧的門神身軀；接著孩子們又形成建廟的共識，打算將萬和宮建構於教室之中，進行祭祀拜拜的裝扮活動；小熊家熱衷於媽祖的傳奇故事與民間廟會布袋戲劇，因此打算自行編擬劇本、設計布袋戲偶，進而布置戲台進行演出；太陽家在參觀萬和宮後，著手於設計廟頂、瓦當與龍柱，從廟宇的設計與建構中，又延伸出皮影戲的深究活動，進而構思劇本，設計製作皮影戲「花木蘭」的各個角色，並進行最後的成果演出。四個班級在誘發孩子的學習興趣與動機上，完整呈現孩子從探索到投入參與的學習歷程，孩子表現的專注與熱情，令人動容。

（三）重視社區鄉土資源的蒐集與運用

以種子幼稚園「媽祖廟」主題為例，在「社區人力資源」與「社區組織資源」的運用上，包括邀請「萬和宮」廟住協助導覽並分享媽祖事蹟與寺廟建築；邀請布袋戲師傅蒞園指導角色區分與身段；邀請父母、社區民眾攜帶供品蒞園參拜種子媽祖廟，協助舞龍縫製及假日的廟宇參訪；商借「新興國小」的歌仔戲服與道具等。在「社區史料文物的運用」上，包括參訪台中市南屯「萬和宮」、成興宮、孔廟；蒐集相關媽祖史實、廟宇建築、門神、龍柱石獅等照片；「媽祖遶境」、「布袋戲」、「歌仔戲」、「花木蘭」等影片；繪本故事、民俗建築與民間陣頭、戲劇等專書資料的蒐集；「皮影戲」的由來、「龍生九子」等眾多網路資料的檢索；參訪社區藝品店的石獅雕刻、商借社區攤販的紅豆餅製作器材等，足見此主題教學資源蒐集與運用之豐。

五 結語

對幼兒來說，鄉土是孩子們生活最密切最熟悉的小世界，從平日生活區域的周遭鄰里社區開始，其範圍最好不要超過園所所在縣市，因為社區鄉土本身有著豐富且熟悉的教學資源，更是孩子觀察、思考、探討問題的好素材。當台灣的教育日趨走向自由化、本土化、多元化、生活化之時，作為新時代的幼兒教師，除了要具備教育學理的專業素養之外，也需要對台灣這塊鄉土的人文史蹟、自然風貌有所了解；尤其是與孩子朝夕相處的社區鄰里，亦即園所所在地區的人文歷史、文化建築與環境的深入了解，並善於利用地方的歷史文化資產，主要如地名沿革、過去至今的開發史實、族群社會分布與相關議題、社區的產業交通、信仰習俗、鄉土的文教曲藝、傳說諺語、地方人物等各類資料，透過研究調查、蒐集整理，都可轉化為豐富生動的教學材料，配合鄉土專題的深究探索或融入相關主題課程的教學之中，幼兒必能獲得極佳的學習效果，教師也可分享教學歷程的成就喜悅，從中獲得更多專業的成長與肯定。

六 參考文獻

王淑枝（1998）。**以生物區域主義為哲學基礎發展鄉土教學活動課程之行動研究**。國立台灣師範大學環境教育研究所碩士論文，未出版，台北市。

李宗薇（1994）。**教學媒體與教育工學**。台北市：師大書苑。

車籠埔國小附幼（2005）。**車籠埔國小附設幼稚園社區鄉土學習步道**。台中縣：台中縣教育局。

孫扶志（2004）。**校園學習步道創意教學與評量設計之行動研究——以朝陽幼**

稚園為例。載於國立台灣師範大學教育學院主辦之「第三屆國際跨文化研究」學術研討會論文集，台北市。

教育部（1993）。**國民小學課程標準**。台北市：教育部。

教育部（1994）。**國民小學鄉土教學活動課程標準**。台北市：教育部。

陳國彥（2003）。鄉土教學面面觀。國教天地，**153**，3-12。

黃政傑（1994）。鄉土教育的課程設計。師友月刊，**344**，9-12。

第三章

花木蘭紙影戲

張淩蘭　劉婷如

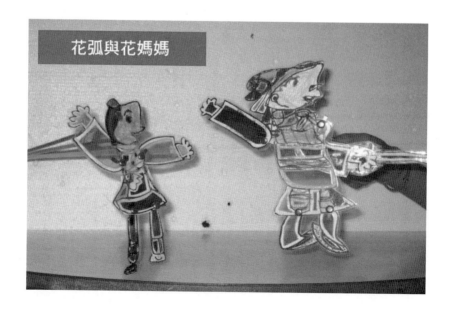

花弧與花媽媽

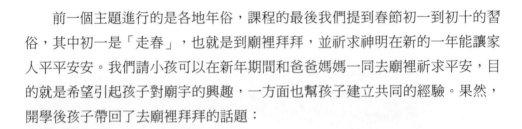

太陽家基本資料

中班

教師： 張淩蘭、劉婷如

實習教師： 邱秀怡

幼兒： 昀萱、思葶、騰揚、俞諺、庭柏、成容、松霖、璟詞、承勳、
宜蓉、心瑋、維仁、奕瑄、佳霖、逸豪、于珊、曼澂、宥薰、
詩汎、翊淳、嬿婷、采潔、玉庭、沛沛、智翔、丞佑

前一個主題進行的是各地年俗，課程的最後我們提到春節初一到初十的習俗，其中初一是「走春」，也就是到廟裡拜拜，並祈求神明在新的一年能讓家人平平安安。我們請小孩可以在新年期間和爸爸媽媽一同去廟裡祈求平安，目的就是希望引起孩子對廟宇的興趣，一方面也幫孩子建立共同的經驗。果然，開學後孩子帶回了去廟裡拜拜的話題：

心瑋：過年的時候，奶奶帶我去拜拜，我們有燒金紙，看到門口的石獅
　　　子、龍、屋簷，還有金爐。

宥薰：過年，爸爸帶我們去家樂福買東西，辦年貨。

玉庭：廟裡有神像，門口會有舞龍舞獅，廟裡有喝水的地方和樓梯。

昀萱：去廟裡拜拜，燒金紙，看到燒金紙的地方會冒煙。

詩汎：媽媽帶水果和糖果去拜拜，我們還一起燒金紙。

智翔：過年我和媽媽爸爸，回外婆家和阿嬤家吃飯，我還叫媽媽帶我去廟
　　　裡拜拜。

丞佑：進去廟裡看到門神，大門有奇怪的雕像，有老人在廟裡下棋，有人
　　　在打鑼和打鼓，看過有人在戲台演布袋戲。
思葶：廟裡可以用手拜拜，會有人演皮影戲和歌仔戲。

　　由於孩子提到許多與廟會有關的活動，老師因此在語文區中加入了許多關
於「廟會」的圖畫書。

龍家囍事

　　第二天，老師將《龍家囍事》這本書做成 powerpoint 簡報媒體，我們一起
到主題館，一邊看影片，一邊說故事，認識龍之九子。

　　孩子對龍的話題愈來愈有興趣，回家還懂得和家人分享，走在路上看到廟
或建築物上的龍，立刻就幫家人上起課來。丞佑回台南時，和外公、外婆到廟
裡拜拜，特別為大家介紹廟裡的龍，外公和外婆還直誇他真讚！智翔到了淡水
老街，看到了老八、老九，告訴媽媽他們的名字是「狻猊」和「椒圖」，可是
媽媽都記不住。

　　除此之外，我們也做了一本個人繪本小書──《龍家囍事》，請小朋友在
了解《龍家囍事》這個故事內容後，再根據想像力自編情節畫在小書上。

　　讓我們來欣賞兩位幼兒的創作：

逸豪的作品

　　龍媽媽和龍爸爸要去逛街，然後他們去森林，他們要搬家，他們住的新房
子很高。有一天龍爸爸和九個孩子在天上玩，他們玩得很高興，老大在爬
monkey bar、老二在散步、老三去拜拜、老四爬山洞、老五在爬樹、老六自己
在跑步、老七吊單槓、老八玩溜滑梯、老九玩盪鞦韆，龍爸爸和小龍玩得很開
心……

佳霖的作品

　　有一個女孩在旁邊，有一隻龍在天上飛，龍飛累了就飛下來休息，然後壞人出現了，有一台戰鬥機要打壞人，太陽很生氣，因為他不喜歡看到戰鬥機。龍媽媽在煮東西等爸爸回家，結果龍爸爸吃飽，他就去睡覺，早上一大早七點就去上班。有壞人來了，小龍去打壞人，媽媽、爸爸和龍哥哥很累，所以在家裡睡覺。

龍長得像什麼？

　　龍長得像什麼呢？我們請孩子根據自己的經驗和我們分享龍的模樣，將自己對龍的印象畫在圖畫紙上變成一幅「龍的想像畫」。

　　接下來的幾天，我們則討論到有關龍的長相，我們很仔細分析龍的特徵，包括臉型、膚色、眼睛、身型及給人的感覺。我們參照古人的推測——龍是各種動物的大集合，並把

● 圖 3-1 孩子們和古人推測——龍是各種動物的集合體

這些結構變身為一隻巨大的龍，請孩子以接力方式完成著色，順便統整大家對龍的概念。

龍的故事

　　一位家長提供了「花木蘭」的 DVD，因為裡面有一隻「木須龍」，陪孩子看完後，我們接著說了「龍來的那一年」的故事，這本書將為什麼龍是中國

人的吉祥物變成一個故事，讓我們對龍有了更進一步的認識。

詩汎：龍會飛，會從天上飛下來。

智翔：龍會游泳，可以從水裡冒出來。

丞佑：身體會變大變小，像故事中的小泥龍一樣。

翊淳：龍會噴火，像花木蘭裡木須龍一樣，把別人的房子燒掉。

心瑋：龍會幫人家實現願望，想要什麼就有什麼。

玉庭：龍會爬山、爬牆、爬房子。

　　在討論的過程中，孩子們對龍應該是住在天上或是住在水裡有一些小爭執：

詩汎：住在水裡的應該叫海龍王。

智翔則提出：對呀！住在天上的才是神仙。

丞佑：龍那麼厲害，能在天上飛，也能在水裡游，住在什麼地方都可以啦！

　　其他的孩子也覺得丞佑講得很有道理。

文字的龍

　　我先在白板上寫出「龍」這個字的篆文（象形字），請小孩以聯想的方式做欣賞和比較。孩子們說：

龍字像風箏，因為龍會在天上飛；

龍字像海裡的魚，會游泳，像海龍王；

龍字好像火，他不會怕火，可以叫他火龍王；

龍字像烏龜，他會背著重重的東西；

龍字像章魚又像冰淇淋。

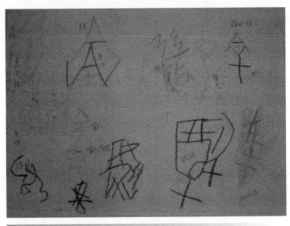

○ 圖 3-2 孩子發明的文字「龍」

因為孩子們對「龍」這個字充滿好奇，所以我們利用角落時間，請孩子當一位小小文字發明家，各自完成屬於自己創意的「龍」字。

探訪萬和宮──尋找龍生的九子

來到萬和宮，我們區分成兩組，一組的孩子到廟裡尋找龍生的九子，另一組觀察住在廟口的龍九子，一起把找到的小龍畫在學習單上。回到學校請兩組各派一位小孩向大家說明看到什麼？

心瑋：我們看到廟外有老二（螭吻）站在屋頂的兩邊，中間有一顆龍珠叫雙龍戲珠，還發現另一種龍叫鰲龍，他的頭長得像龍，身體是魚的樣子，他可以讓廟比較不會被火燒掉，我們還看到龍柱。

丞佑：在廟的裡面，我們看到老七（睚眥）住在兵器上、老八（狻猊）在香爐、老九（椒圖）住在門環上，廟裡有一個大鐘，但是老三（蒲牢）沒有住在上面，我們有畫皇帝走的路叫御路，上面有神階龍，一隻頭在上面、一隻頭在下面叫翻天覆地。

孩子還發現廟口的正對面有一個好大的舞台，上面寫著「康樂台」，老師為孩子們解釋：那是一個演戲的舞台，可以在上面表演歌仔戲、布袋戲、皮影戲……等等，答謝神明的保佑。孩子們對這個戲台，十分感興趣，還不斷和老師分享看戲的經驗，也為我們花木蘭紙影戲埋下伏筆。

探訪台中孔廟——發現建築之美

第二次的校外教學，我們來到台中孔廟，這裡的建築是以宋式彩繪為主的古典建築物，和萬和宮華麗的建築相比，可互相呼應對照：一個古典、一個華麗，值得我們研究與欣賞。

我們在這裡看到老二（正吻）嘴巴含住屋頂的兩端、老三（蒲牢）住在鐘鈕、老五（饕餮）住在鼎的兩側、老七（睚眥）住在兵器上、老八（狻猊）在香爐、老九（椒圖）住在門環上，但是孩子們仔細的觀察正吻（龍頭鯉魚身），怎麼跟萬和宮看到的鰲龍長得那麼像呢？還好老師有稍做功課（事先到孔廟探勘），然後根據書上記載告訴孩子：宋代的老二叫正吻，是螭吻和鰲龍的結合體，他是龍形的演變，因為古時的房子大多是木頭做的，容易起火，做兩隻正吻在屋頂，主要的功能是希望可以防火。

接著，我們坐在大成殿的正前方，請孩子仔細觀察正殿的外觀，然後就地寫生把看到的建築物畫在圖畫紙上，秀怡老師也忙著將孔廟的建築一一用數位相機捕捉下來，可以回校和孩子一起做回顧，加深印象，又可以仔細研究建築物的特色。

裝扮區的布置

兩次的校外教學後，我們和孩子共同討論裝扮區發展的可能性。

心瑋：我想要在裝扮區演戲，演龍家的囍事、花木蘭或是龍來的那一年。
曼薇：演戲要有舞台，像萬和宮的康樂台一樣。

接著有人覺得可以蓋一個舞台演戲給神明看、蓋一間廟在裡面玩拜拜的遊戲、玩拜拜的事，再演戲給神明看。有了這樣的討論，我們綜合大家的意見，決定要在裝扮區蓋一個寺廟，然後在裡面演戲。

那到底要演什戲呢？最後孩子們表決決定演花木蘭的故事。

孩子們先畫情境設計圖，我請孩子將想法和別人想法溝通一下，然後輪流上台發揮巧思，全班集體創作一張設計圖，這張圖並非一次就完成，是孩子們花很多時間一點一滴將自己的想法加進去，慢慢完成的。

而這設計圖的最大特色就是它留了一個戲台，準備演戲給廟裡的神明看。

接著進行分配工作，我們根據設計圖先用紙箱做了一個ㄩ字型的基座，並貼上牛皮紙，孩子分成三組：一組創作屋頂的造型和瓦片，另一組創作御路，最後一組則製作龍柱、瓦當、正吻和鰲龍。

◎ 圖 3-3 孩子畫裝扮區情境設計圖

色光遊戲

孩子們決定要演花木蘭的故事後，這個故事的圖畫書立即成了最近孩子們的最愛。翊淳陸續帶木須龍、李翔、小林、阿堯和金寶等人物小玩偶到校，介紹後，老師無心的順手把這些玩偶放在科學區。有一天天氣昏暗，老師將科學區的檯燈打開，結果孩子們發現了玩偶的影子，真是太好了！我們打算把影子的遊戲當作紙

◎ 圖 3-4 玩偶的影子跑出來了

影戲引導的活動，為了延續孩子對影子的經驗，我們就設計了一系列色光的遊戲。

手影遊戲

　　介紹過影子之後，老師從教具室借來了兩支手電筒，加上原來的檯燈和玩偶，孩子們又重新開始對科學區產生興趣，不論男生或女生，大家都搶著到科學區玩。在實驗的過程中，孩子發現：

1. 玩偶的影子會變長、變短。
2. 手電筒如果動來動去，玩偶的影子也會跟著動。
3. 我們的手也可以做出各種造型的影子。

　　有了這些經驗，於是我們帶孩子到主題館玩手影的遊戲。請小孩兩人或三人一組，然後把手指伸開，做出各種不同的形狀，用投影機的光源一照，結果動物或昆蟲的形狀就跑出了，孩子們開始玩起想像的肢體扮演。

　　在這同時，有小孩進出廁所，拉開窗簾，結果外面的陽光照射進來，哇！孩子們看到同一種動物的形狀跑出兩個影子呢！這個發現讓孩子了解：原來光源不只一個時，就有多個影子，而且影子是可以重疊的。

陽光之舞

　　手影遊戲後，孩子對光產生極大的興趣，常常看見他們三、五人聚在有陽光的地方，把手指伸開模擬出各種動物的樣子，所以我們準備紅色、黃色、藍色、綠色和紫色的玻璃紙，請孩子放在臉上，觀察陽光的顏色。

◎ 圖 3-5 集體創作影子畫

之後，我們選擇一個有陽光的日子，請六位孩子當模特兒，站在陽光下，隨意擺動身體，其他的小孩負責觀察影子的變化，用蠟筆在白紙上畫出模特兒的影子來，在這過程裡，孩子們觀察出：影子會隨著模特兒位置的變動而改變方向。

最後，我們將科學區的影子遊戲和裝扮區做結合。首先把寺廟基座的後面貼上透明的描圖紙，變成戲台的影幕，再加上手電筒、檯燈、玩偶、各種顏色玻璃紙，讓孩子自由地進行色光的實驗。接著，還把有顏色的玻璃紙放在影幕前，效果又不一樣了！原來加上有顏色的玻璃紙，影子也會跟著變色。

介紹皮影戲

老師和孩子回顧之前去萬和宮參觀的康樂台，並詢問孩子康樂台的功能是做什麼用的？孩子馬上說是要表演、舞龍舞獅、演歌仔戲、演電影、演皮影戲……等等，於是我們就開始介紹皮影戲的由來。

皮影戲是台灣民間演戲酬神還願時少不了的民間藝術，皮影戲演出形式靈活，內容以歷史與民間傳說為主，台灣的皮影戲是由大陸傳入，來自潮州影系，目前以高雄縣為發展的搖籃。「皮影戲」又稱「皮猴戲」，以獸皮剪成劇中人物，背面黏上竹枝，前方掛上白紙為幕以燈火來照映，音樂以北管音樂為主，音樂唱腔沿用潮州調，皮影戲表演人數有四至七人，一人是主演兼口白演唱，另外有助眼與操控燈光、擊鼓敲板、打鑼敲鈸與操弄琴絃。

皮影戲以側臉畫像為主，為了讓孩子了解，我們馬上用投影機的光源做實驗，並請孩子以正面站立投射光源，結果孩子發現什麼都看不到，接著再請孩子以側面站立投射光源時，孩子有了驚奇的發現：

孩子：我看到他的頭髮了

孩子：我看到眼睛的地方

孩子：還有鼻子、嘴巴、下巴……

如此一來孩子很快就明瞭為什麼要用側臉畫像了。

分享花木蘭的故事書

為了引導孩子進入花木蘭故事的演出活動，老師就拿起語文區的故事書把花木蘭的故事再說一次，並強調每個角色的特性。例如，木須龍希望當花家的守護神，他就決定讓花木蘭成為英雄，祖先就不會瞧不起他了。如此一來，孩子對於花木蘭故事裡的角色就有更清楚的概念。

接著，老師改把人物用 powerpoint 的方式播放給孩子看，再請孩子表現人物角色的特徵，如此一來，孩子的觀察和陳述就較為精細了。

孩子的討論

花木蘭：長長的頭髮、圓臉，穿裙子有腰帶，會武功。

李　　翔：強壯，頭有綁包包，很厲害。

皇　　帝：有戴帽子，留長長的鬍鬚。

花奶奶：老老的、胖胖的，很可愛。

媒　　婆：胖胖的、很兇很恐怖。

賜　　福：臉長長的，有三條鬍子，有戴長長的帽子。

木須龍：長長的臉、尖尖的牙齒、有耳朵、有四個爪子、長長彎彎的身
　　　　體、尾巴……

接著，我們請孩子把這些人物畫下來，果然在經過討論、回顧之後，孩子就較能把人物特徵表現出來，有幾位小孩畫的真的很不錯，例如，于珊畫了單于的半邊臉；采潔把木須龍的身體曲線表現出來。但大部分的孩子仍是以正面的畫法為主，即使看到側面圖，也以正面的手法表現，所以我們認為要再加強皮影戲側臉的部分。

於是我們在角落時間安排了三位人物當模特兒，讓小朋友當場畫下他們的側臉，果然在引導之後，孩子注意到臉部的表情變化，例如，眼睛只有一個、鼻子尖尖的，臉的形狀是三角形，有人還在畫紙上幫模特兒打上燈光，想像這位模特兒正在演皮影戲呢！

角色討論

◎ 圖 3-6 孩子的人物設計圖

皮影戲劇中角色，可分為生、旦、淨、末、丑、雜等幾種類型，並且通常還分成忠、奸、正、邪，公忠者通常刻以正貌，奸邪者則刻以醜。

在了解皮影戲的角色分類之後，我請孩子試著將花木蘭故事書中的人物做分類，並接著決定場景和道具。結果如下：

角色：花木蘭、李翔、皇帝、花弧、木須龍、蟋蟀、媒婆、阿堯、金寶、
　　　小林、花媽媽、花家祖先、單于……
場景：木蘭的家、媒婆的家、兵營、冰山、祖先靈堂、皇宮
道具：毛筆、蘋果、玉項鍊、梳子、扇子、火、茶壺、從軍令、劍、巨石
　　　神龍、布娃娃、弓箭、砲彈……

接著，我們到主題館看皮影戲 VCD，內容有文戲的唱說、武打，還有包含道具和操偶的動作表現，孩子會想要把看到的內容加在花木蘭的劇情中，真是意想不到的收穫。於是我們讓孩子自己來創作故事情節，用畫圖的方式，由老師幫忙文字書寫，開始創作「新花木蘭小書」。

在決定要演花木蘭之後，接著就是戲台結合劇名的名稱，孩子很快就決定取名為「花木蘭紙影戲」，並用仿寫的方式為戲台寫上劇名。

劇情討論──創作劇本

在有了「新花木蘭」小書的編劇經驗後，我們將孩子分為四組，每一組共同構思一個劇情，推派一人上台分享該組的劇情，再由老師錄音後謄錄，變成實際演出的劇本。

布景設計

為了營造場景的效果，我們決定順著孩子的想法來創造戲台的布景，以增添演戲的氣氛，所以和藝術老師商量將兩次的藝術課與主題結合，請一組的孩子負責設計、製作故事中花木蘭的家、媒婆的家及花家祠堂的場景；另一組的孩子負責畫兵營、戰場（冰山）及皇宮的場景。

我們先請孩子畫設計圖，再依設計圖畫在藝術老師為我們黏好的透明投影片上（因為它透光性強，且已做成影幕大小的尺寸）。

在設計之前先讓孩子回顧故事情節，老師並把故事書做成 powerpoint，放映在大影幕，再和孩子一一討論設計的細節，要設計哪些東西，再請孩子畫設計圖，需注意的是因為是設計背景，所以要在中間留白，以ㄇ字型或L或ㄩ字型的方式設計，最後再用壓克力顏料畫上去，十分精采。當我們把六幕場景掛在影幕時，孩子們的心都飛到那裡去了！

為了滿足大家的表演慾，根據故事及場景，由孩子擔任操偶師，有人操作主角，有人操作道具，進行花木蘭紙影戲的表演。

人物角色設計、製作

我們讓孩子觀察故事中人物的特徵，再讓孩子畫在圖畫紙上，再用蠟筆塗

上顏色。接著就是肢體分解和鏤空的部分，這部分也考量孩子的操作能力，所以只有支解手和腳的部分，因為這考量孩子能力和安全，所以由老師負責這個部分。整個製作的過程為構圖→上色→鏤空→貼玻璃紙→護貝→打洞→裝雙腳釘→裝支撐桿、操縱桿，偶的製作才算完成。

練習操作紙影偶

　　孩子之前的操偶經驗都僅限於手套偶和棒偶，對於操縱桿的使用真的很陌生，也有困難度，而且如果這些戲偶無法靈活的展現肢體動作的話，人物個性就無法活潑起來，也比較難傳達戲偶的心境，所以我們就教孩子兩個戲偶的武打動作：第一招式是「請拳」，第二招式是「收拳」，操作時左手放在下面壓住支撐桿（身體的部位），右手在上操控戲偶的左右手（雙肘的部位），只要戲偶能靈活支配收拳和請拳的基本動作，身體和腳就會同時營造出「動」的感覺。

錄音、配樂

　　首先介紹用於紙影戲配樂的中國樂器，主要有二胡、鑼、鈸、嗩吶、梆子等，並向新興國小的歌仔戲社團借了鑼、拔、梆子的樂器讓孩子觀察、聆聽。在經過討論、挑選之後，凌蘭老師製作了一張花木蘭劇本製作的原聲帶，內容是老師和孩子精心挑選的八首樂曲：

1. 開幕曲：請觀眾入席，演員就位
2. 西湖春：第一幕（花木蘭走出，妖嬌的姿勢）
3. YOYO 故事集：第三幕（木須龍搞笑的場景）
4. 臥虎藏龍：第四幕（李翔帶士兵練功）
5. 十面埋伏：第五幕（開場恐怖音樂）
6. 霸王御甲：第五幕（騎馬人群混亂聲）
7. 西遊記：歡樂慶祝打贏勝仗

8. 力量：全劇結束，謝幕音樂

　　在決定好配樂之後，我們開始實際搭配音樂練習演出，但發現孩子在操作的過程時，記得講台詞就忘了操偶，記得操偶就會忘了台詞，而老師則忙著幫孩子提詞、操偶和走位，忙得大家不可開交，孩子的挫折感也很大，於是想到要不要用錄音的方式試試看？我們使用 MP3 加上錄音麥克風，實際來嘗試一遍，並把錄好的播給孩子聽，結果孩子聽到自己的聲音從錄音機播出來，都好興奮，這種新奇的經驗，勾起孩子無比的興趣，每個人都迫不及待的想要錄音，於是我們達成共識決定以錄音的方式，把台詞、配樂都錄起來，我再轉錄成CD，於是「花木蘭紙影戲原聲帶」就出爐了！如此一來，孩子在排戲時就不怕忘詞，也解決了音量、音控的問題，真是皆大歡喜！

排演

　　接著就是進入正式排演，由老師擔任說書人，並先把劇情說一次，再請孩子一句一句練習對話，老師在一旁協助提醒台詞，效果還不錯。

　　在排演的過程時，孩子們講台詞時，就會忘了偶的方向，注意到偶就忘了台詞，因為每個偶有三個操縱桿，孩子在操作上顯得手忙腳亂，孩子也反應窮於應付，於是我們就把操縱桿變成兩枝，果然容易操縱多了！在排演時由於人員眾多，所以決定加大後台的空間，還有每個角色的出場位置也要加以調整，並做走位的安排。

宣傳海報

　　為了宣傳「花木蘭紙影戲」的演出，凌蘭老師蒐集了一些戲劇演出的DM、傳單給孩子看，孩子從中知道為何要有宣傳海報，並提到要畫戲台，讓人一看就知道我們要演什麼，另外孩子還有提到時間、要在哪裡演、還要把我們的海報做成小張的發給大家等等，最後我們共同決定了海報的宣傳內容：

1. 插圖（花木蘭紙影戲台和人物）

2. 時間（二〇〇五年五月十四日早上十點）

3. 地點（太陽家教室）

4. 演出人員（太陽家全體師生）

劇場禮儀

在排演的過程中，我們注意到看戲的禮儀非常重要，剛好孩子也有看戲的經驗，所以討論這個話題，大家都能盡情發揮，孩子提出的劇場禮儀有：

1. 先做該做的事，如上廁所、洗手、喝水。

2. 找到位置安靜坐下來。

3. 不可以跑到後台。

4. 站起來會擋到後面觀眾。

5. 講話、搖椅子、動來動去都是不禮貌的。

6. 準時進場。

7. 盡量不要中途離開。

8. 不可以帶食物進來。

9. 戲劇演完後請幫演員拍拍手。

10. 看戲時請把手機關機（這是後來考量到家長來看戲才加上去的）。

演出時幕後注意事項

有了幕前的劇場禮儀，今天在排演完之後就和孩子討論幕後的注意事項，提供的內容有：

1. 注意安全，不要亂跑。

2. 等候上場時盡量不要說話，除非必要，否則不要任意走動。

3. 等候上場時，全班都在幕後不可以掀開幕簾偷看。

4. 隨時注意演出的情形。

5. 輪到上場時不要太緊張。

6. 記得偶一定要貼在影幕上，這樣才能用影子的效果來演戲。

主題的落幕

　　接下來就是正式演出了，孩子每個人都好認真、賣力的操作著戲偶，雖然我們看不到幕前觀眾的反應，但從演戲的過程中聽到的笑聲和掌聲，便知道我們成功了！謝幕時，孩子一一走出來，家長的臉上洋溢著驕傲、讚美的表情，這就是最好的鼓勵了！

花木蘭紙影戲劇本

第一幕：媒婆的家

說書人：大家好，今天要為大家介紹的這個故事叫做「花木蘭」。

（音樂起）

（花木蘭走出，擺出妖嬌的姿勢）（小蟋蟀跟著花木蘭跳出來）

花木蘭：我今天要去相親，變成一位高貴的淑女。

小蟋蟀（發出聲音）：我是花木蘭的寵物，我能帶給她幸運。

花木蘭：小蟋蟀記得躲在我後面。

小蟋蟀：我知道。（跳到花木蘭的背後）

（音效：敲門聲）

花木蘭：媒婆我來了。

媒　婆：進來，請幫我倒茶。

花木蘭：媒婆，請喝茶。（小蟋蟀跳出來）

小蟋蟀：好好喝的茶，我要進去泡溫泉。（小蟋蟀跳進茶裡）

小蟋蟀：好舒服哦！

媒　婆：我來喝看看。

（媒婆假裝喝水）

花木蘭：不行，你不行喝！

媒　婆（驚嚇狀，大叫一聲）：啊！怎麼有一隻小蟋蟀。（站不穩，然後
　　　跌倒）

說書人：不幸的事，一件一件的發生，花木蘭不小心又弄髒了媒婆的臉，
　　　　還燒到媒婆的屁股。

媒　婆（插腰生氣）的說：你這個沒用的女孩，真是丟盡花家的臉。

說書人：花木蘭傷心、難過地離開媒婆的家。

（花木蘭、媒婆、蟋蟀退下，換成花家的場景）

第二幕：花木蘭的家

說書人：花木蘭回到家裡把在媒婆家發生的事情告訴花媽媽。

花媽媽：下次要小心，要把小蟋蟀從杯子救出來，要照顧小蟋蟀。

花爸爸：下次不要去媒婆家相親了！

花木蘭：好！我聽你們的話。

花媽媽：我們現在來喝茶。

說書人：花媽媽去準備茶杯和茶壺，一家人一起坐下來喝茶、聊天，就在
　　　　一家人和樂融融的喝著茶的時候，外面傳來一陣聲音，原來是皇
　　　　帝派賜福來徵兵。

賜　福：每個人都要過來拿從軍令！

（花爸爸走出去）

賜　福：花家接旨。

（花爸爸接過從軍令，賜福離開）

（花木蘭跑出來）

花木蘭：爸爸，你這麼老了，腳也受傷，怎麼去？

花爸爸：報效國家是每一個人的責任。

說書人：等到了晚上，木蘭假裝去睡覺，等爸爸睡著以後，偷偷爬起來，
　　　　把頭髮砍掉，穿上將軍的衣服，拿著花爸爸的劍，騎著汗馬離開
　　　　花家。

花媽媽：花爸爸的劍怎麼不見了？

花爸爸：可能被木蘭拿走了，木蘭！木蘭！

（花媽媽和花爸爸大喊木蘭）

（場景換成花家的祠堂）

（音樂）

第三幕：花家的祠堂

說書人：花家祖先知道木蘭要代父從軍，紛紛起來討論這件事。

祖　先：哈！哈！哈！好睏喔！木須，木須，你去叫大家起床。

木　須：快起床，快起床，別再睡美容覺。

（音效：敲鑼）

說書人：祖先們一個個起床了！

祖　先：你們誰可以去保護花木蘭？

木　須（大聲說）：我！你看！（假裝噴火的樣子）

祖　先：哈哈哈！好哇好哇！你還是去找巨石神龍吧。

木　須：巨石神龍，巨石神龍快起床，快起床。

（音效：敲鑼）

說書人：木須敲得太用力，巨石神龍的頭倒下來了，接著木須假裝巨石神龍，跑到祖先面前。

（音效：發出巨大的響聲）

木　須：好痛，好痛！糟了，糟了，巨石神龍倒了！巨石神龍破掉了。（低頭沉思）想到一個好辦法，把牠的頭拿起來戴。（跑到祖先前面）

木　須：我是巨石神龍。

祖先：巨石神龍，現在派你去保護花木蘭。

木須龍假裝聲音：是，我的主人。

（音效：木琴咻～咻～）

說書人：木須以飛快的速度趕上木蘭，而且為了讓木蘭覺得牠是一條偉大

的龍，牠用光影讓自己變大，可是牠的謊言，一下子就被木蘭拆
穿。

木須龍：木蘭，我是你家祖先派來保護你的木～須～龍～

木蘭從木須龍背後拍拍牠：喔！拜託！別鬧了！我們得快點上路！

說書人：木蘭他們一直趕路，木須一路上一直碎碎唸，對木蘭耳提面命。

木須龍：木蘭你現在是女扮男裝，走路要有男人的樣子，說話也要把聲音
　　　　裝粗一點，還有ㄚ～（漸漸消失不見）

（換成兵營的場景）

第四幕：兵營

說書人：花木蘭來到兵營，並向兵營中的將軍李翔報到。

李　翔：你叫什麼名字？

花木蘭：（打噴嚏）

李　翔：你叫哈去？？？

花木蘭：不是啦，我叫花平。（花木蘭退下金寶出來）

金　寶：我是胖胖的金寶，我最喜歡吃東西。（金寶退下換阿堯出來）

阿　堯：我叫阿堯，你看我的肌肉，很強壯吧！（阿堯退下小林出來）

小　林：我是瘦瘦的小林，我最不喜歡吃東西了。

說書人：大家自我介紹後，李翔集合大家一起練臥虎藏龍的功夫，準備打
　　　　敗單于（播放臥虎藏龍的音樂，後台的小朋友一起大聲唸）。接
　　　　著，李翔把箭射到山上，請士兵們爬上去取箭，考驗士兵們的功
　　　　夫。

李　翔：阿堯，你去把我射在上面的箭拿下來。（阿堯出場）

阿　堯：嘿咻！嘿咻！咻………！（摔下來）唉啊呀！我的屁股長了一個
　　　　包包。

小　林：嘿咻！嘿咻！咻………！（摔下來）唉啊呀！我的屁股長了一個
　　　　包包。

金　寶：嘿咻！嘿咻！咻………！（摔下來）唉啊呀！我的屁股長了一個

　　　　包包。

說書人：士兵們一個一個從上面掉下來。

李　翔：換花平了！

花木蘭：嘿咻嘿咻……！怎麼辦我拿不到。（木須龍出來）

木須龍：木蘭我來了！我來幫你拿。

花木蘭：可是會被發現。

木須龍：不會啦！我躲在你後面就不會被別人發現了。

花木蘭：好啊！嘿咻嘿咻……。

說書人：木蘭和木須兩人同心協力拿到了箭，然後把箭交給李翔。

李　翔：太好了！花平，我們現在可以去打仗了！

大家一起說：太棒了！我們現在可以去打仗了！

（換成冰山的場景）

第五幕：戰場（冰山）

說書人：木須知道要讓花木蘭成為英雄，就是幫助她打倒單于，於是他告
　　　　訴小蟋蟀，小蟋蟀把這個方法偷偷告訴賜福。

（音樂起：播一段恐怖的音樂）

賜　福：李翔，你們立刻去冰山打單于，去用雪把他埋起來。

李　翔：是的，我這就去。

說書人：李翔去向士兵公布要去冰山打戰的消息，聰明的木蘭還想到一個
　　　　辦法對付單于。

李　翔：我們要一起去打敗單于，花平，你去準備打仗用的兵器。

花　平：好，我們一起去打敗單于。

李　翔：花平你在做什麼？

花　平：我把木須當作一個打火機來噴火。

木　須（緊張的問花平）：你，你為什麼把我變成打火機？

花　平：因為你會噴火！

李　翔：花平，你真是聰明。

說書人：就在這個時候，單于騎著馬、持著劍，領著大兵往花木蘭的方向
　　　　（音效：騎馬和人群混亂的聲音）。接著，木蘭對準冰山發射，
　　　　結果引起了一場大雪崩。（音效：轟隆轟隆的聲音）

單　于：啊！冰山的雪掉下來了！來不及撤退了，慘了，要被冰山壓倒
　　　　了。

說書人：單于和軍隊被大雪給壓住，不久，小蟋蟀也被埋進雪堆中，木須
　　　　龍為了救小蟋蟀，在雪地裡，一直找一直找……。

木須龍：小蟋蟀，小蟋蟀你在哪裡？你在哪裡？這裡怎麼硬硬的？啊！救
　　　　錯了，怎麼是單于？

單　于：哈哈哈！你救錯人了。

說書人：木須龍找到了單于，把單于放在冰山上，讓他自生自滅。並且花
　　　　了九牛二虎之力才救回掉在雪裡的小蟋蟀，然後李翔和花木蘭領
　　　　著士兵，一群人浩浩蕩蕩地回皇宮。

花　平：太好了！找到了小蟋蟀，我們就可以回皇宮了。

（音樂起）

（場景換成皇宮）

第六幕：皇宮

說書人：李翔、木蘭一行人打贏了單于，興高采烈準備回皇宮向皇帝報告
　　　　這個天大的好消息。

李　翔：報告皇帝，木蘭把單于給打死了。

皇　帝：太好了，你們打贏了，我們請人來表演。

小　林：我們來唱歌和跳舞吧！

花　平：我們來穿舞蹈衣吧！跳舞吧！（音樂）

說書人：就在木蘭換衣服的時候，被李翔發現花木蘭是女生。

李　翔：啊……花平你是女生喔！

木　蘭：對呀！我是女生，我是花木蘭。

李　翔：我要報告皇帝。

說書人：於是李翔把花木蘭是女生的事情向皇帝報告。

皇　帝：沒關係，你們跳舞吧！

李　翔：對呀！又沒關係。

說書人：於是木蘭、李翔和小林便開始唱歌跳舞，來慶祝打贏勝仗。就在大家歡樂慶祝的時候，想不到沒有死掉的單于竟混進皇宮，準備刺殺皇帝。（音樂）

單　于：我要打敗你們大家，我要把皇帝抓走。

皇　帝：救命啊……

說書人：單于把皇帝抓到樓上，并把皇帝關了起來，準備刺殺皇帝。於是木蘭一夥人扮成宮中的嬪妃，去救皇帝。

李　翔：木蘭，妳趕快想一個辦法啊！

木　蘭：小林你男扮女裝，我們一起去救皇帝吧！

木　蘭：皇帝我們來救你了！

單　于：你是誰？你只是一個小女生而已！

說書人：於是花木蘭把頭髮綁起來，變成了打敗單于的花平。

花　平：我就是在冰山打敗你的花平。

單　于：大事不妙了！

說書人：木蘭和單于兩人打了起來，就在一陣打鬥之後，木蘭想到了一個辦法，於是花木蘭開始跑到火藥的地方去跟士兵要火藥。

花　平：木須龍，你去背火藥，我來騙單于讓你射火箭。

木須龍：好，我用我的嘴巴噴火，發射火箭去射單于。

花　平：單于你的劍掉了。

說書人：於是單于就蹲下來準備把劍撿起來，這時候木須就背著火箭向單于發射（音效：發射砲彈和爆炸聲），單于就被火箭射死了！大家高興的一同放煙火慶祝。

（音效：放煙火）（音樂）

教學省思與心得

張凌蘭

　　這次的教學活動是一群中班的孩子（五歲～六歲）所發展出來有關媽祖廟的主題方案，回顧我們的課程，從分享「龍家囍事」的故事，一直到萬和宮及孔廟，看到了小龍之後，孩子相當興奮、熱絡，迫不及待的想要分享自己的所見所聞，他們會拿著小龍的玩偶在積木區搭建龍的家、蓋廟，廟旁還會貼心的建造一座停車場讓香客可以有地方停車，小龍也會發揮專長各職所司。還針對「文字龍」做聯想、討論和發表，然後將自己腦中的想法轉化成語言、圖像呈現出來。

　　主題進行約五週後，我們發現有些孩子對龍的話題持續發燒中，但有些孩子興趣轉移，這時我們適時在課程中加入花木蘭的故事，孩子們對於「木須龍」這位逗趣、又搞笑的龍，產生極大的興趣。接著發展出的色光遊戲又重新點燃孩子們的火花，於是我問：「你們真的想演花木蘭的紙影戲給媽祖看嗎？」孩子們很肯定的回答：「願意！我們演花木蘭的紙影戲，謝謝媽祖保佑我們不生病，健健康康的。」我聽了很開心，但心裡也是有些憂心，紙影戲戲偶要怎麼做呀？此時讀書、查閱專業書籍及上網找資料是當務之急，以前看書可能是走馬看花式的，現在則是要仔細研究細節的部分，戲偶的關節要怎麼做？支撐桿要如何固定才容易操作？投射的光源要如何擺放才能清楚的看到影子？如何帶領一群孩子進行戲劇？真的是不簡單，別說是孩子，連我自己都改變了！以前大多只是站在觀眾的角度欣賞戲劇，現在必須變成導演，教孩子演戲呢！

　　主題的進行並非一帆風順，尤其在戲劇的部分，班上三位老師常利用午睡和下班時間研究知識，累到真的很想放棄，尤其是下午四點半之後，其實是自己工作一天後，疲倦感開始升高之時，還得參加學校專為老師舉辦的主題研習

課程。不過，隔天回到教室，看到孩子們比老師更投入，學習也如此的精采，所有的辛苦都值得了！而且，有機會提供老師和孩子一起成長，真的很有意義。

　　寫到這裡，我開始嘗到成功的甜美果實，因為我們的成果發表會當天可是震驚全場，我連做夢都會笑呢！

教學省思與心得

劉婷如

在主題一開始時，我和淩蘭兩人決定用故事來引導孩子進入主題，加上孩子有去廟宇拜拜的經驗，孩子很快就融入主題了。一路走下來，我們依著孩子的走向、興趣，發展主題內容，整個過程真是充滿挑戰，尤其是傳統建築方面的知識，所知有限，幸好我的先生是建築系的，提供我很多的協助，也因為有了這方面的資源，所以備課方面就能比較充分，從中我也獲得很多的知識和經驗。

整個主題中，挑戰最大的莫過於紙影戲偶的製作了！因為缺少這方面的經驗和知識、技巧，所以只好關起門來好好研究一番，然後我自己先嘗試做紙雕紙影偶，如此一來孩子就有具體的實物，觀察什麼是紙影偶。我用演戲的方式呈現紙影偶的特殊操偶方式，這對孩子而言，是充滿新奇趣味的體驗，很快孩子就開始想要自己操偶看看，有的孩子還想要擁有屬於自己的紙影偶呢！雖然在製作設計的過程千辛萬苦，但看到中班的孩子竟能做的出來這般的水準，真是大大的出乎我的意料，讓我好感動喔！

孩子沉浸在主題的程度，可以從他們的日常對話、角落、繪畫等各方面呈現出來，就連在家裡和爸爸媽媽的討論、分享中，都充滿了主題的話題呢！尤其在進入「花木蘭紙影戲」的高潮階段時，孩子個個像個戲子，在學校演不夠，回家還和爸媽對戲、換角色等，演得不亦樂乎，過足了戲癮。看孩子這麼融入，真的讓老師好有成就感。

隨著主題的落幕，下一個主題的開始，孩子或許又把注意力轉移到別的方面，但這份回憶將伴隨著他們長大，以後若孩子又有機會上台演出，相信這群孩子定會很欣喜的參與，這就是這個主題給孩子最好的禮物。

　　在此我也要感謝各位家長的配合，尤其是後來的背劇本，如果沒有您們的支持配合，我、淩蘭老師和孩子是沒有辦法這麼快就上軌道的，謝謝各位家長！

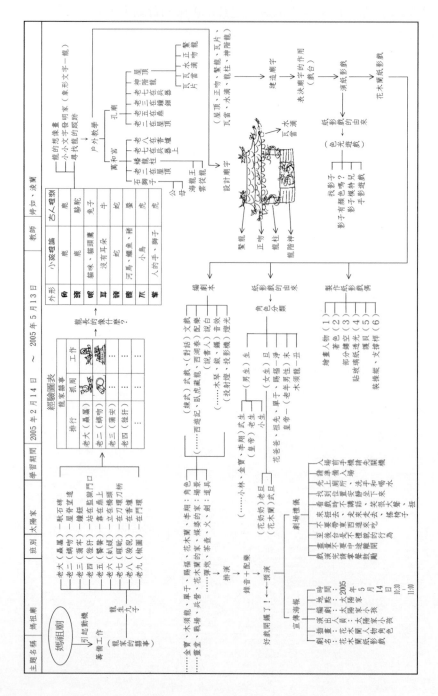

○ 圖 3-7　成果網路圖

第四章

八仙慶壽歌仔戲

張孟容　呂蘭欣

月亮家基本資料

中大混齡班

教師： 大班——呂蘭欣、中班——張孟容

實習教師——林妍妏

幼兒： 大班：衿妤、子彧、婷翊、蕙如、明翰、成冠、柏峰、傑閔、
柏宇、佑齊

中班：子暘、佳渝、希媛、德琪、子穎、靖汶、翊瑛、苡阡、
芷翎、楷瑩、柏竣、晉宇、宇翔、禹辰、偉倫、偉呈

認識廟宇

過完年，孩子回到學校分享過年時拜拜的經驗，開啟了孩子對廟宇的探
索。

師：誰會住在廟裡呢？

幼兒：神仙。

師：什麼神仙會住在廟裡呢？

柏竣：天公伯、觀音媽（台語）。

晉宇：玉皇大帝和佛祖。

德琪：土地公公、土地婆婆。

而傑閔正好提出他到過的廟宇中住的是媽祖婆（台語），於是我們進入媽

祖的討論，其中提到媽祖林默娘的故事，以及祂身旁的兩位重要人物——「千里眼」和「順風耳」。孩子對這兩位神仙的造型特徵感到非常有興趣，因此大班負責畫出千里眼和順風耳，中班則選擇其中一位作畫。

　　對於孩子們的創作，我們都進行了分享的討論，而在苡阡、佳渝和子穎的圖畫之中，我們發現了房子的存在，老師詢問「為什麼要畫房子呢？」孩子的回答是「因為要給千里眼和順風耳住的啊！」多麼直覺的反應，卻也為我們的討論帶來了很大的影響。

師：你們知道千里眼和順風耳都住在什麼地方嗎？
傑閎、偉倫：廟裡面啊！
師：廟是什麼樣子？

　　大家開始你一言，我一句的討論起廟宇的樣子，老師建議不如我們去尋找祂們兩位神仙的家，看看到底是什麼樣子？這樣的建議得到孩子的同意，於是開始安排媽祖廟主題中的第一次戶外教學。為了讓孩子對於廟宇的建築有初步的了解以及討論，老師先透過圖片檔介紹了多種的廟宇建築，希望孩子在參觀時能夠更有參與的熱情。

參觀萬和宮

　　我們前往台中南屯區著名的三級古蹟「萬和宮」參觀，解說員仔細的告訴我們萬和宮的建築特色，孩子也熱切的參與討論，並提出許多問題，如：

賴阿姨：萬和宮有三個門，稱為「三川門」。
伯竣：為什麼是三川門？
傑閎：因為一邊要進去，一邊要出來，中間不能走。
宇翔：為什麼中間不能進去？
柏宇：是神明要走的，我們走會不禮貌。

　　參觀的同時，妍妏老師拍攝了很多照片，第二天透過照片的分享我們回顧了廟宇的建築。

（一）石獅子

師：可以如何分辨公獅和母獅？

柏峰：公獅子嘴巴是張開的。

柏宇：母獅子要照顧小寶寶（指幼小的獅子），所以嘴巴不能張開才不會嚇到小寶寶。

晉宇：公獅子要保護自己的地盤，所以嘴巴要張開。

子彧：公獅子的腳踩球。

（二）門檻

傑閔：門檻是要用跨的才可以。

師：為什麼門檻不能踩過去呢？

佑齊：因為不對。

衿妤：不禮貌。

翊瑛：對門神不禮貌（翊瑛說是阿嬤告訴她的）。

（三）龍柱

柏峰：上面有刻龍，而且用欄杆圍住。

師：為什麼有欄杆？

子彧：神明不想要有人碰祂，不然會壞掉。

成冠：怕被摸壞掉，所以圍起來。

柏竣：因為一人碰一次，柱子就會愈來愈舊，不碰就不會壞掉了。

希媛：進去廟裡面不要亂摸，沒有經過同意都不可以亂摸。

（四）屋頂

師：屋頂上有什麼？

禹辰：大象。

柏峰：魚。

成冠：都是吉祥動物。

柏竣：仙鶴（老師說有些神仙會騎鶴）。

柏宇：為什麼不能騎龍？

晉宇回答：龍是玉皇大帝的。

明翰：人騎著鹿。

師：屋頂前方有很像圓形的是瓦當，三角形的是雨簾，下雨天時雨水會從
　　這個地方滴水下來。

（五）匾額

成冠：廟上面的字要從哪邊開始唸？

師：中文字是從右邊念到左邊，如果順序錯了，那意思就不一樣了。

　　　屋頂上的每一隻吉祥動物都有牠們代表的涵義，這也是孩子們最感興趣
的，所以我們也對此做了詳細的討論。

師：還記得屋頂的樣子嗎？

　　　孩子的回答此起彼落，整理如下：

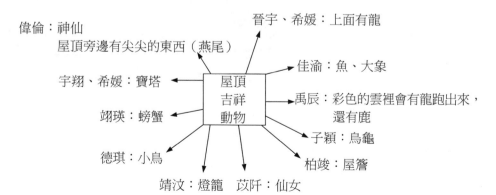

偉倫：神仙
　　　屋頂旁邊有尖尖的東西（燕尾）

晉宇、希媛：上面有龍

宇翔、希媛：寶塔

佳渝：魚、大象

翊瑛：螃蟹

屋頂吉祥動物

禹辰：彩色的雲裡會有龍跑出來，
　　　還有鹿

子穎：烏龜

德琪：小鳥

柏竣：屋簷

靖汶：燈籠　　艾阡：仙女

蓋廟囉！

孩子對廟宇的概念建立之後，想蓋一座廟，首先製作屋頂，包括雨簾、瓦當和吉祥動物，孩子們開始分工合作、討論材料和做法。最後決定製作步驟如下：

1. 利用毛線測量房子的寬度（房子是聖誕節製作的薑餅屋留下的）。
2. 以紙箱作為屋頂的底部。
3. 將紙箱裁開以膠帶連接成毛線測量到的寬度。
4. 將全開的報紙裁成八等分，每一張都捲成圓筒狀。
5. 將筒狀的報紙一個一個的黏在紙箱上，每個距離約五公分。

再次拜訪萬和宮

再次拜訪萬和宮，是為了更仔細的觀察建築上的特色，我們依照幼兒的意願將其分為三組，各有不同的觀察任務。組別有「吉祥動物組」、「石獅子組」、「門神組」，各由一位老師帶領，並於事後一起分享觀察所得。

● 圖 4-1 幼兒正努力的製作屋頂

例如，吉祥動物組發現除了屋頂之外，龍柱、牆壁和金紙爐上也都有吉祥動物喔！例如，龍、魚、馬、螃蟹、鹿、虎、獅、鳥（鳳凰）……等等。石獅子組也有精采的討論：

師：請觀察獅子的身體。

柏宇：獅子的尾巴像蝸牛殼
　　　捲捲的。

佑齊：獅子的耳朵也像蝸牛
　　　殼。

翊瑛：獅子的眼睛有眼皮和
　　　眼球。

傑閔：臉旁邊有很多像刺的
　　　鬃毛。

成冠：下巴有尖尖的鬍鬚。

柏峰：身上有掛紅色的綵
　　　球，後面的腳是坐
　　　的，前面的腳是蹲的。

成冠：腳上有四根腳指頭。

◉ 圖 4-2 幼兒討論公獅子的特徵

師：公獅和母獅的樣子有差別嗎？

成冠：公獅子嘴巴開開的，裡面有一顆球，那一顆球是在嘴巴裡面刻的
　　　（上次參觀時賴映華阿姨有介紹），如果在外面先刻好會放不進嘴
　　　巴裡。

傑閔：公獅有踩球，母獅嘴巴閉起來，牙齒露出來。

柏峰：公獅、母獅身上都掛鈴鐺，母獅子腳下有小 baby。

翊瑛：公獅子有十一顆牙齒。

佑齊：母獅有十四顆牙齒。

傑閔：母獅的鼻子圓圓的，公獅的鼻子扁扁的。

柏峰：公獅舌頭往上翹，母獅舌頭往下翹，牙齒好像咬住舌頭。

繼續蓋廟

　　回到學校一起進行回顧與分享後，蓋廟的工作繼續進行，孩子一直都希望

屋頂能夠蓋兩層，也紛紛提出自
己的意見，其中晉宇提出兩邊以
衛生紙捲筒架起第二層屋頂的辦
法，獲得大家的同意，在大家的
通力合作下，先將第一層屋頂放
在柱子上，再將兩個衛生紙捲筒
放在第一層屋頂上，接著再在捲
筒上放上第二層屋頂，然後漆上
紅色的顏料，再將事先已畫好的
吉祥動物圖片貼上，屋頂的製作
才算完成，孩子也因此露出開心
滿足的笑容。

◎ 圖 4-3 大班利用多種材料製作龍身上的鱗片

　　接著重頭戲就是龍柱了！從
畫設計圖、票選設計圖、商討做
法、合力製作，到把龍盤繞在柱
子上，孩子展現了驚人的創意和
合作能力。做法如下：

◎ 圖 4-4 身體長長的龍在孩子的努力合作之下，準備
要黏貼到柱子上

龍身：以報紙搓成圓形，用膠
　　　帶相接而成
鱗片：色紙、玻璃紙、不織
　　　布、金箔紙
龍嘴：面紙盒裁開
龍齒：將紙張捲成筒狀

龍家囍事

　　這是「吉祥動物組」所分享的故事，因為石獅子組與門神組都想知道這本故事書的內容，因此，我們向太陽家借了「龍家的囍事」（powerpoint 檔），利用另一種方式來呈現故事的內容，讓孩子對故事有更深的經驗。

　　孩子們憑著自己對故事的印象，把故事的內容統整成一張經驗圖表——「小小網路圖」：

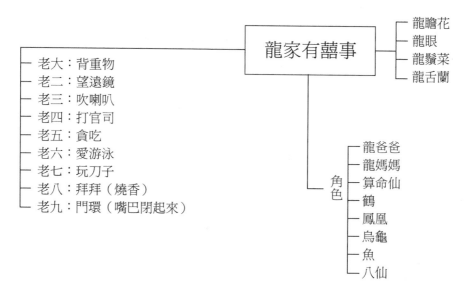

　　在觀看「龍家囍事」故事的過程當中，柏峰對故事裡的八仙感到好奇（九條小龍過生日，八仙來慶祝），其他孩子也紛紛表示高度興趣，讓我們抓到了介紹八仙出場的時機。

八仙過海

　　我們先以在網路上蒐集來的八仙圖片，編了一個「八仙過海」的故事給孩子聽，同時也請怡君主任立即幫我們買書，等書一到，我們立即製成 powerpoint 檔,再呈現一次給孩子。令我們意外的是,和「龍家囍事」比較之下,「八仙過海」的故事深深地抓住孩子的心!

相傳,一次,八仙在蓬萊閣上聚會飲酒,酒至酣時,鐵拐李提議乘興到海上一遊。眾仙齊聲附和,並言定各憑道法渡海,不得乘舟。

漢鍾離率先把大芭蕉扇往海裡一扔,坦胸露腹仰躺在扇子上,向遠處漂去。何仙姑將荷花往水中一拋,頓時紅光萬道,何仙姑佇立荷花之上,隨波漂遊。隨後,呂洞賓、張果老、曹國舅、鐵拐李、韓湘子、藍采和也紛紛將各自寶物拋入水中,借助寶物大顯神通,遨遊東海。

八仙的舉動驚動了龍宮,東海龍王率蝦兵蟹將出海觀望,言語間與八仙發生衝突,引起爭鬥,東海龍王乘八仙不備,將藍采和擒入龍宮。八仙大怒,各展神通,上前廝殺,腰斬兩個龍子,蝦兵蟹將抵擋不住,紛紛敗下海去,隱伏水底。八仙則在海上往來叫戰。東海龍王請來南海、北海、西海龍王,合力翻動五湖四海水,掀起狂濤巨浪,殺奔眾仙而來。危急時刻,曹國舅的玉板大顯神通,只見他懷抱玉板頭前開路,狂濤巨浪向兩邊退避,眾仙緊隨在後,安然無恙。四海龍王見狀,急忙調動四海兵將,準備決一死戰,正在這時,恰好南海觀音菩薩經過,喝住雙方,並出面調停,直至東海龍王釋放藍采和,雙方罷戰。

八位仙人拜別觀音菩薩,各持寶物,興波逐浪遨遊而去。這就是「八仙過海」的故事。

我們開始對孩子講述八仙的故事,並一一帶出每一位仙人及祂們所屬的寶物:

何仙姑——荷花　　　呂洞賓——寶劍　　　張果老——魚鼓
李鐵拐——葫蘆　　　藍采和——花籃　　　韓湘子——笛子
曹國舅——玉板　　　漢鍾離——芭蕉扇

當孩子對於故事中人物的了解愈來愈熟悉時,孩子就愈想融入劇情當中。子或說:「好想來演戲喔!」這一句話,引起大家一陣騷動……大家開始你一句我一句地說自己想要扮演的角色。

為了要演戲,得先製作道具。八仙的寶物製作由孩子自己認養負責,製作的素材幾乎都是在美勞區的「資源回收箱」取得。

戲劇初體驗

演戲之前必須安排角色，由於之前大家協議好，大班飾演八仙、中班則是飾演海龍宮裡的海底生物，我們的演員表終於出爐了，如下所示：

● 表4-1

韓湘子：陳子彧	曹國舅：劉衿妤
呂洞賓：陳柏宇	張果老：張佑齊
漢鍾離：鍾明翰	藍采和：楊蕙如
何仙姑：黃婷翊	鐵柺李：張傑閔
說書人：林柏峰	場記：林苡阡
東海龍王：吳成冠	觀世音：邱佳渝
西海龍王：賴禹辰	龍王大兒子：黃希媛
南海龍王：林晉宇	龍王小兒子：孔德琪
北海龍王：許偉倫	烏龜：賴楷瀅
大蝦：黃柏竣	小蝦：戴宇翔
大螃蟹：黃翊瑛	小螃蟹：劉偉呈
美人魚：邱芷翎	美人魚：翁子穎
烏賊：張靖汶	海豚：劉子暘

角色分配好之後，老師和孩子共同回憶故事的內容，然後，我們前往一樓的陽光舞台進行我們的「戲劇初體驗」……

由於是第一次演出，有些孩子尚不熟悉如何走位，笑料百出，但這一次戲劇表演初體驗，也為我們接下來的歌仔戲表演，奠定了表演的基礎。

我們又分享了一個「八仙慶壽」的故事，因此孩子提出製作八仙彩的想法，為此，我們第三度前往萬和宮尋找八仙的蹤跡，萬和宮裡有一幅

● 圖4-5 八仙設計圖──曹國舅

「八仙圖」，因為它的材質頗像陶土，孩子靈機一動，表示想要來製作八仙像，柏峰建議我們要先畫八仙設計圖，大家都贊成！

就在此時，怡君主任提供我們一幅八仙彩，我們把它懸掛在教室裡，角落時間裡，都會有孩子前往觀看，看得出來孩子對於八仙的興趣仍舊不減！

對歌仔戲產生興趣

我們問孩子：「在萬和宮的前方，有一座大型的舞台，那是做什麼用的？」傑閔說：「那是在演歌仔戲的舞台啦！」讓我們喜悅的是，孩子對於歌仔戲開始有一些好奇！此時，我們也開始找尋歌仔戲的影帶和音樂，想試著把歌仔戲介紹給孩子。

正巧遇到媽祖的農曆生日，我們觀賞廟會影片，以及前往南屯區的成興宮觀看布袋戲「扮仙」，整個情境很適合介紹歌仔戲。所以回到學校，我們便讓孩子們觀看了歌仔戲 VCD（走路姿勢和角色）。

蘭欣老師：演歌仔戲的人都如何說話？

仔仔：講台語。（仔仔立刻轉換成台語的腔調）

偉倫：他們還穿古時候的衣服。

柏竣：他們還要化妝，跟我們的臉不太一樣……

傑閔：他們的手還會比動作喔！」（此時傑閔做出手指翹起的動作，假裝在演戲）

孟容老師：什麼時候會演歌仔戲？

偉倫：媽祖生日、遶境。

柏竣：電視會播！

……

觀看完歌仔戲 VCD 之後，孩子的回饋讓我們有一點出乎意料，模仿人物走路是由孩子主動發起的，且一個接連的影響另一個孩子，就連我們睡午覺的

時候，宇翔還建議我們播放歌仔戲的 CD，經過其他孩子們的同意，孩子們真的一邊聽一邊睡覺呢！

接著，我們又向台中市新興國小借了歌仔戲 VCD（下課花路米），和幾樣歌仔戲的道具（拂塵、馬鞭、水旗、刀、箭、梆子），向孩子介紹了樂器、表演道具、曲調、基本功的身段、後台的服裝準備，並讓孩子親身體驗揮舞道具的感覺，讓孩子對歌仔戲有更深刻的體驗。

柏峰提議：「我們應該也可以像他們一樣來演戲啊！」大家紛紛表示同意，我們的歌仔戲真的開工了！

歌仔戲角色分配、唱詞、台詞

孩子都很喜歡「八仙慶壽」的故事，而且大部分的孩子都可以自己講述故事的內容，大家也同意在成果展上演出「八仙慶壽」歌仔戲。於是我們向小金枝歌仔戲團取得「八仙慶壽」的歌詞，準備開始帶著孩子籌畫這一場演出。

八仙慶壽的故事中，最重要的角色就是八仙、金母娘娘和玉女，這些都由大班的孩子自由挑選角色擔綱，中班的孩子則負責開場前的一段大合唱和樂器伴奏。

我們選用的曲調是大家耳熟能詳的「狀元樓」，這是經由孩子聆聽不同歌仔戲曲調之後，認為最適合「八仙慶壽」的。我們將歌詞中的涵義講解給孩子聽，並將唱法逐句教給孩子，經過一個禮拜的練唱，有了明顯的進步，而且也決定每個角色的唱詞：

金母娘娘：瑤池金母法無邊，蟠桃赴會幾千年；

玉女：邀請眾仙來慶賀，慶祝人間不老仙；

漢鍾離：海鶴添壽不等閒；

鐵枴李：飛娥萬丈碧波天；

張果老：多少靈芝生瑞草；

曹國舅：白鶴連連向上天。

呂洞賓：麻姑晉酒賓上宴；

韓湘子：天上金花賜群仙；

藍采和：眾仙齊赴蟠桃會；

何仙姑：慶祝人間不老仙；

眾仙：慶祝人間不老仙。

　　大班負責演八仙，而中班則負責八仙出場前的一段口白，口白的內容如下：

　　　　　海上蟠桃初熟，人間歲月如流；

　　　　　開花結子千秋，繡得紅綾二扣；

　　　　　卻被方朔所偷，昔日韓朋妻賢；

　　　　　今日速降凌洲，前到花堂祝壽。

　　同樣的，我們又解釋了這一段文言文的意思，孩子也都大致了解其意。

　　因為劇情裡有一段是八仙向金母娘娘祝壽，我們請孩子集思廣益，想一想有哪一些祝壽的話適合對金母娘娘說？透過老師的引導與鼓勵，孩子的祝詞相當豐富有趣，台詞如下：

玉女（蕙如）：金母娘娘，今天是妳的生日，八仙有話要對妳說………

鐵拐李（傑閔）：祝金母娘娘生日快樂，天天開開心心的！

曹國舅（柏峰）：金母娘娘身體好！

何仙姑（衿好）：祝金母娘娘愈來愈漂亮，我喜歡金母娘娘！

韓湘子（柏宇）：祝金母娘娘長壽不老！

呂洞賓（成冠）：祝金母娘娘福如東海、壽比南山！

藍采和（婷翊）：希望金母娘娘愈來愈漂亮！

張果老（佑齊）：祝金母娘娘生日快樂！

漢鍾離（明翰）：祝金母娘娘年年有今日、歲歲有今朝！

玉女（蕙如）：金母娘娘，今天是妳的生日，八仙有禮物要送給妳……

（藍采和、何仙姑共同遞上八仙彩給金母娘娘）

金母娘娘（子彧）：哇！好漂亮的八仙彩，要掛在哪裡好呢？

玉女（蕙如）：掛在門口好了！

金母娘娘（子彧）：這真是一個好主意！我今天實在是太開心了，我決定
　　　　　　　　　開放我的後花園，請大家去賞花、吃仙桃！

眾仙：好啊！好啊！

歌仔戲服裝、身段練習

　　透過園長、主任的協助，我們租借到適合孩子穿著的歌仔戲服裝，雖然歌
仔戲服裝可以租借，先前也做了八仙的寶物，但八仙的裝扮仍有一些應加強的
特色，可以讓孩子自行設計。

柏峰：八仙需要鬍鬚喔，我們可以自己做（鬍鬚），然後掛在耳朵上面。

蘭欣老師：用什麼做鬍鬚呢？

成冠：用色紙做啊……

蘭欣老師：可是紙碰到水可能會破喔！活動當天天氣可能會很熱，小朋友
　　　　　會流汗耶……

德琪：用毛線做好不好？

仔仔：然後剪成一段一段的。

蘭欣老師：好主意！八仙裡面有誰需要鬍鬚呢？

明翰：漢鍾離是短鬍子！

佑齊：鐵拐李也是短鬍子！

傑閔：張果老的鬍子是白的、很長。

柏峰：曹國舅也有鬍子。

　　雖然園方先前已安排了一次歌仔戲研習，老師和孩子也都看了一些歌仔戲

的影片，但其身段動作對老師都已經很困難
了，更何況是孩子呢？所以我們也不強求，
只教孩子最簡單的手部動作，比畫比畫有個
樣子就好。

製作八仙彩和布景

◉ 圖 4-6 身段練習

　　我們請自願繪製八仙的孩子，先在紅布
上畫出八仙的模樣，我們特別提醒孩子要仔
細觀察八仙的特徵，這些特徵包括八仙的寶
物、坐騎，翊瑛的觀察力相當敏銳，幾乎不
需要老師的協助就可以獨力完成，希媛則是
參考懸掛在教室裡的八仙掛圖。

　　孩子用黑色奇異筆勾勒出八仙的圖
案，其餘的部分，孩子利用下午的藝術
創作課合力完成，藝術老師準備的材料
是金粉，孩子說：「這樣八仙彩才會亮
晶晶的。」老師則是覺得撲上金粉的八
仙彩，看起來格外的討喜！

◉ 圖 4-7 製作八仙彩

　　角落時間，妍妏老師（實習老師）
帶領部分孩子製作布景，布景的內容是
參考我們非常熟悉的一本書《龍家囍
事》裡孩子喜歡的情境。

妍妏老師：我們來分配一下工作吧！

子彧：我要負責畫雲！

晉宇：我想要畫這座山！

袨妤：我來畫屋頂好了！

◉ 圖 4-8 製作舞台布景

苡阡：我和子彧一樣畫雲！

孩子作畫的成熟度相當足夠，只需要老師從旁協助。

劇本出爐囉！

在故事、演員、伴奏、服裝等等事宜分配完畢之後，老師將整個表演的內容製作成劇本，附在本文之末。

排演

我們帶著孩子到陽光舞台去確認自己的位置，並實地排演，然後針對各種問題提出討論，尋求改善和解決之道，包括音量、動作、走位、專心等等，園長和主任也偶爾過來看看，給孩子打打氣。幾次之後，孩子愈來愈進入狀況，我們也愈來愈有信心。

舞台位置圖如下：

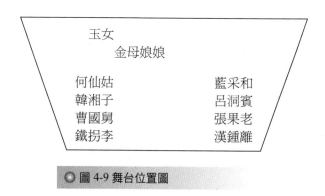

◉ 圖 4-9 舞台位置圖

顧慮到台下的觀眾可能不知道孩子在唱什麼，所以只好請行政館的美編幫忙，利用電腦列印的方式，為我們製作大幅的唱詞海報，讓觀眾聽得懂孩子唱些什麼。

　　陸續接獲戲服，孩子先後試穿自己的戲服，尺寸都剛剛好，看到孩子穿著戲服的模樣，孩子與老師的眼睛都為之一亮，這對孩子來說真是難得的經驗。

成果展

　　種子廟會終於熱鬧的展開了！孩子也很準時地到達月亮家進行服裝的更換，各自拿著自己演戲的道具，而老師們也為不同的角色綁頭髮。這一天，雨下的頗大，大致上並不影響孩子們的演出，表演一直都很順利，在過程當中出現了一段小插曲，因為天雨路滑，飾演藍采和的婷翊在出場時，不慎滑跤，但婷翊還是很勇敢地站起來，盡責地把歌仔戲唱完，讓大家都覺得感動！而月亮家的「八仙慶壽」也畫下完美的句點……這三個月的努力，孩子們獲得家人的支持與掌聲，老師心中的感觸良多，雖然這三個月過的並不輕鬆，但是所有的辛苦都變成甜蜜的果實！

八仙慶壽劇本

【指導老師】……………………張孟容／呂蘭欣／林妍妏老師
【導演】……………………………張孟容老師
【劇本改編】……………………呂蘭欣老師
（改編自八仙傳說：八仙赴西王母蟠桃壽宴）
【導演助理】……………………林妍妏老師
【故事內容簡介】………………林晉宇
【開場口白】……………………中班全體小朋友
【樂隊介紹】
● 鑼 ………………………………黃翊瑛
● 鈸 ………………………………黃柏竣／許偉倫
● 梆子 ……………………………林晉宇
● 高低木魚 ………………………劉子暘／邱佳渝／張靖汶／賴楷瀅／

黃希媛／林苡阡

● 響板 ················· 邱芷翎／翁子穎／劉偉呈／孔德琪／

戴宇翔／賴禹辰

【人物介紹】

● 金母娘娘 ················· 陳子彧飾演

● 玉女 ················· 楊蕙如飾演

● 鐵柺李 ················· 張傑閔飾演

● 漢鍾離 ················· 鍾明翰飾演

● 曹國舅 ················· 林柏峰飾演

● 張果老 ················· 張佑齊飾演

● 韓湘子 ················· 陳柏宇飾演

● 呂洞賓 ················· 吳成冠飾演

● 何仙姑 ················· 劉衿妤飾演

● 藍采和 ················· 黃婷翊飾演

【八仙慶壽】──故事與曲調

說書人介紹故事大綱

（中班小朋友攜帶樂器進場，各就各位站在舞台上並唸一段口白⋯⋯）

海上蟠桃初熟，人間歲月如流；

開花結子千秋，繡得紅綾二扣；

卻被方朔所偷，昔日韓朋妻賢；

今日速降凌洲，前到花堂祝壽；

中班小朋友：眾仙請了～

（金母娘娘、玉女、八仙一同出場並自我介紹）

金母娘娘：我是金母娘娘，今天邀請大家來慶祝我的生日！

玉女：大家好！我是玉女。

鐵柺李：大家好！我是鐵柺李，我最愛喝酒⋯⋯亡！真好喝！

漢鍾離：大家好！我是漢鍾離，我手上拿的是扇子，我的扇子搧出來的風

很涼喔！

曹國舅：大家好！我是曹國舅，我最愛救人！

張果老：大家好！我是張果老，我的鬍子很長喔！

韓湘子：大家好！我是韓湘子，我很會吹笛子，我吹的好不好聽啊？

眾仙：好聽！

呂洞賓：大家好！我是呂洞賓，我很會變法術喔！看我變！變！變！我屬
　　　　不屬害啊？

眾仙：屬害！

何仙姑：大家好！我是何仙姑，我手上拿的是荷花。我最愛漂亮，你們看
　　　　我漂不漂亮啊？

眾仙：漂亮！

藍采和：大家好！我是藍采和，我手上拿的是花籃，你們看我可不可愛
　　　　啊？

眾仙：可愛！

（金母娘娘、玉女、八仙各就各位站在舞台上並唱一段歌曲）

【曲調：狀元樓】

金母娘娘：瑤池金母法無邊，蟠桃赴會幾千年；

玉女：邀請眾仙來慶賀，慶祝人間不老仙。

漢鍾離：海鶴添壽不等閒；

鐵枴李：飛娥萬丈碧波天；

張果老：多少靈芝生瑞草；

曹國舅：白鶴連連向上天。

呂洞賓：麻姑晉酒賓上宴；

韓湘子：天上金花賜群仙；

藍采和：眾仙齊赴蟠桃會；

何仙姑：慶祝人間不老仙。

眾仙：慶祝人間不老仙！

（中班退場……）

金母娘娘：我今天好開心，邀請八仙一起來慶祝我的生日！

玉女：金母娘娘……八仙有話要對妳說喔！

金母娘娘：眾仙請……

鐵枴李：祝金母娘娘「長命百歲」！

金母娘娘：謝謝鐵枴李。

漢鍾離：祝金母娘娘「年年有今日、歲歲有今朝」！

金母娘娘：謝謝漢鍾離。

曹國舅：祝金母娘娘「身體好」！

金母娘娘：謝謝曹國舅。

張果老：祝金母娘娘「生日快樂」！

金母娘娘：謝謝張果老。

韓湘子：祝金母娘娘「長壽不老」！

金母娘娘：謝謝韓湘子。

呂洞賓：祝金母娘娘「福如東海、壽比南山」！

金母娘娘：謝謝呂洞賓。

何仙姑：祝金母娘娘「愈來愈漂亮，我喜歡金母娘娘！」

金母娘娘：謝謝何仙姑，我好開心。

藍采和：祝金母娘娘 happy birthday！希望金母娘娘愈來愈漂亮！

金母娘娘：謝謝藍采和。

玉女：金母娘娘，八仙有禮物要送妳……

何仙姑、藍采和：金母娘娘，這是八仙要送妳的禮物！

金母娘娘：哇！好漂亮的八仙彩，要掛在哪裡呢？

玉女：那就掛在門上吧！

金母娘娘：真是個好主意！

金母娘娘：哇！我今天實在是太開心了，我決定邀請八仙到我的後花園賞
　　　　　花、吃仙桃……你們說好不好啊？！

眾仙：好啊！謝謝金母娘娘！

玉女：那我們走吧！

（金母娘娘、玉女、八仙退下舞台）

謝幕（曲調：狀元樓）：

　　我們是可愛的小朋友，長得漂亮人人愛；

　　祝福大家平安快樂，身體健康萬事如意。

全劇終

教學省思與心得

呂蘭欣

對於八仙的研究，孩子花了許多的時間做觀察，我們剛開始透過繪本《龍家囍事》的引導，意外發現八仙的蹤跡，在主題的進行中，「八仙」的探索是一個小方案的延伸，在往後的幾個禮拜，一直到我們歌仔戲的演出，都是環繞在八仙當中，大家都演的很過癮，從原本對八仙的不了解，到後來對八仙的熟悉，在我們課程活動之餘，也時常聽到孩子將八仙的角色生活化、戲劇化……孩子的這些舉動，看在老師的眼裡，都是樂觀其成的！

關於八仙，我們分享了「八仙過海」與「八仙慶壽」這兩個故事，「八仙過海」的戲劇演出是孩子第一次嘗試完整戲劇的演出，也是中、大班第一次的合作，孩子都「玩」得很開心！

「歌仔戲──八仙慶壽」更是月亮家老師與小朋友第一次的嘗試，由於孩子的台語程度不一，經過大家的票選，決定以「國語版」來呈現不一樣的歌仔戲，相信各位家長聽了也會有另一種不一樣的感受！

為了歌仔戲的完整呈現，孩子平日花費了許多時間勤加練唱，中班為了幫大班配樂，也花了許多心力，大班則是勤練台詞，希望讓整個戲劇更流暢。過程中有過許多的修正、訓練，有時孩子因為練習的時間過久而埋怨「太辛苦」了，老師仍是提醒孩子，做任何事都要堅持到最後，演戲也是如此！令人感動的是，孩子嘴巴雖然說累，但為了將自己的努力呈現給家人看，真的堅持到最後一刻。透過戲劇的演出，月亮家的孩子一夜之間長大不少，學會互相合作、互相溝通、協調，月亮家的三位老師都覺得月亮家的孩子都是「一級棒」！

月亮家的歌仔戲從無到有，歷經了好長一段時間的醞釀，這過程當中，我們得到許多來自外界的幫忙，感謝台中市新興國小、月亮家的家長以及學校主管的多方協助，讓我們的歌仔戲可以演的如此精采，許多家長給與不同的回

饋。大部分的家長表示，透過這次主題的學習，孩子跳脫宗教信仰，改用另一種角度去認識我們的傳統戲曲，相當的難能可貴，而我本身帶著孩子一同探索主題，也額外接觸了廟宇建築、傳統戲曲，這部分在我的教學生涯過程中，是很珍貴的收穫！

教學省思與心得

張孟容

　　接觸主題教學模式的時間並不長，但是隨著接觸時間的增加，我對它的喜愛只有增加並未減少；每天我總是戰戰兢兢的進行著課程，不論是討論亦或是相關物品的創作等都是如此，我感覺到一股強大的壓力在催促著我，趕快增加自己與主題相關的知識與資訊。主題課程並不強調老師能給與幼兒什麼，而是在老師與幼兒彼此間的討論，從中獲得成長，或許大家會認為，既然如此，那我為什麼需要加強增加自己的相關知識呢？其實，在和幼兒的討論之中，幼兒會經常性的主動提出各式各樣的問題，對於他們的疑問我認為不僅需要帶領著幼兒一起探索之外，老師也需要擁有正確的知識，才能夠給與幼兒正確的訊息，而在我與幼兒的討論中，幼兒給與我的回饋比我給他們的還要多很多，讓我自己在幼教的領域裡不斷的成長以及感到生活充實而忙碌。

　　當知道媽祖廟的主題將會有出書的計畫時，欣欣老師和我就更加詳細的記錄下幼兒在主題進行之中相關的人事物，我們希望這樣的努力不僅可以為書本帶來詳細的內容，同時也能夠為幼兒的成長留下豐富的紀錄；當然在做這些事情時需要有相當大的付出，而有時候我會感到不知如何下筆，以及遇到事情時會有茫然覺得慌張的情緒，或者是有些課程進行過之後，我會覺得如果我可以換個方式進行，孩子們可能就會更了解我的意思，也許可以讓課程的進行更加的豐富有趣，很幸運的我擁有一個相當優秀的夥伴——欣欣老師，她的經驗比我豐富，她時常在適當的時機和我談談，讓我的心情可以得到舒緩，而在這段日子裡，她都很樂意的提供自己的經驗，讓我可以有所收穫、有所成長，在這裡也特別的謝謝她。

　　媽祖廟是屬於較傳統方面的文物，孩子並沒有經常性的接觸，一個對孩子而言很少接觸的主題，要如何讓孩子在這個領域中產生興趣，著實讓我感到困

難，而讓我料想不到的是孩子的興趣竟是如此的濃厚，很多課程都是因孩子的想法而延伸出來的，舉例來說，第一次參觀廟宇建築的時機，就是因為在孩子的圖畫中有房子的出現，讓我們順利的安排第一次的戶外教學；還有課程進行到和八仙相關的故事，也是我們始料未及的，這是因為我們介紹的一本和龍相關的故事《龍家囍事》，當老師和孩子在分享這個故事時，有孩子發現插畫中有八仙的出現，就這樣我們開啟了另外的課程討論，很多時候孩子反應是最真切自然的，順著孩子的想法走下去往往會有精采的發現，別為孩子設定一切的學習內容是我在主題教學中最深刻的感受體驗。

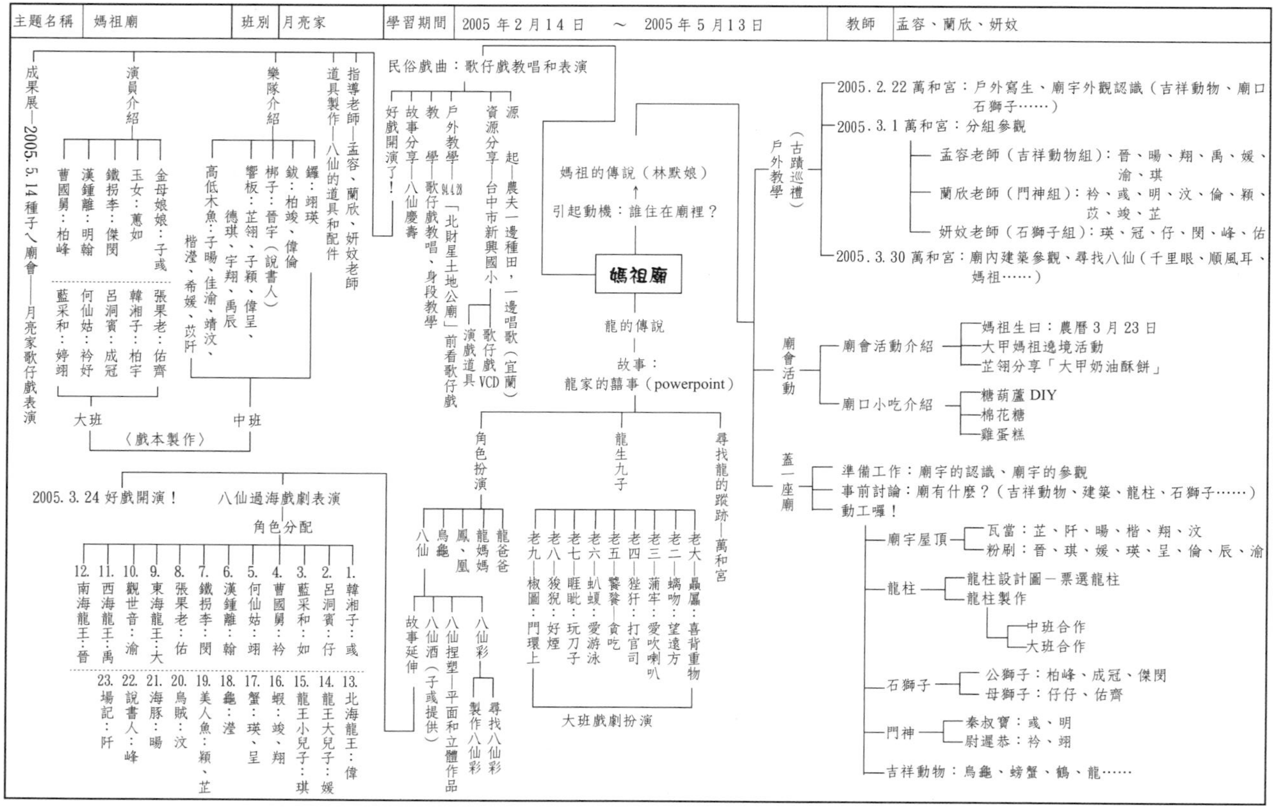

主題名稱　媽祖廟
班別　月亮家
學習期間　2005年2月14日　～　2005年5月13日
教師　孟容、蘭欣、妍妏
媽祖廟
媽祖的傳說（林默娘）
引起動機：誰住在廟裡？
龍的傳說
故事：龍家的囍事（powerpoint）
戶外教學（古蹟巡禮）
2005.2.22 萬和宮：戶外寫生、廟宇外觀認識（吉祥動物、廟口石獅子……）
2005.3.1 萬和宮：分組參觀
孟容老師（吉祥動物組）：晉、暘、翔、禹、媛、渝、琪
蘭欣老師（門神組）：衿、彧、明、汶、倫、穎、苡、竣、芷
妍妏老師（石獅子組）：瑛、冠、仔、閔、峰、佑
2005.3.30 萬和宮：廟內建築參觀、尋找八仙（千里眼、順風耳、媽祖……）
廟會活動
廟會活動介紹
媽祖生日：農曆3月23日
大甲媽祖遶境活動
芷翎分享「大甲奶油酥餅」
廟口小吃介紹
糖葫蘆 DIY
棉花糖
雞蛋糕
蓋一座廟
準備工作：廟宇的認識、廟宇的參觀
事前討論：廟有什麼？（吉祥動物、建築、龍柱、石獅子……）
動工囉！
廟宇屋頂
瓦當：芷、阡、暘、楷、翔、汶
粉刷：晉、琪、媛、瑛、呈、倫、辰、渝
龍柱
龍柱設計圖－票選龍柱
龍柱製作
中班合作
大班合作
石獅子
公獅子：柏峰、成冠、傑閔
母獅子：仔仔、佑齊
門神
秦叔寶：彧、明
尉遲恭：衿、翊
吉祥動物：烏龜、螃蟹、鶴、龍……
尋找龍的蹤跡—萬和宮
龍生九子
老大—贔屭：喜背重物
老二—螭吻：望遠方
老三—蒲牢：愛吹喇叭
老四—狴犴：打官司
老五—饕餮—貪吃
老六—蚣蝮：愛游泳
老七—睚眥：玩刀子
老八—狻猊：好煙
老九—椒圖：門環上
大班戲劇扮演
角色扮演
龍爸爸
龍媽媽
鳳、凰
烏龜
八仙
八仙彩
尋找八仙彩
製作八仙彩
八仙捏塑—平面和立體作品
八仙酒（子彧提供）
故事延伸
民俗戲曲：歌仔戲教唱和表演
源起—農夫一邊種田，一邊唱歌（宜蘭）
資源分享—台中市新興國小—歌仔戲VCD
演戲道具
戶外教學—94.4.28「北財星土地公廟」前看歌仔戲
教學—歌仔戲教唱、身段教學
故事分享—八仙慶壽
好戲開演了！
指導老師—孟容、蘭欣、妍妏老師
道具製作—八仙的道具和配件
樂隊介紹
鑼：翊瑛
鈸：柏竣、偉倫
梆子：晉宇（說書人）
響板：芷翎、子穎、偉呈、德琪、宇翔、禹辰
高低木魚：子暘、佳渝、靖汶、楷瀅、希媛、苡阡
中班
演員介紹
金母娘娘：子彧
玉女：蕙如
鐵拐李：傑閔
漢鍾離：明翰
曹國舅：柏峰
張果老：佑齊
韓湘子：柏宇
呂洞賓：成冠
何仙姑：衿妤
藍采和：婷翊
大班
〈戲本製作〉
成果展—2005.5.14種子ㄟ廟會—月亮家歌仔戲表演
2005.3.24好戲開演！
八仙過海戲劇表演
角色分配
1. 韓湘子：彧
2. 呂洞賓：仔
3. 藍采和：如
4. 曹國舅：衿
5. 何仙姑：翊
6. 漢鍾離：翰
7. 鐵拐李：閔
8. 張果老：佑
9. 東海龍王：大
10. 觀世音：渝
11. 西海龍王：禹
12. 南海龍王：晉
13. 北海龍王：偉
14. 龍王大兒子：媛
15. 龍王小兒子：琪
16. 蝦：竣、翔
17. 蟹：瑛、呈
18. 龜：瀅
19. 美人魚：穎、芷
20. 烏賊：汶
21. 海豚：暘
22. 說書人：峰
23. 場記：阡

圖 4-10　成果網路圖

第五章

萬花筒之心布袋戲團

郭佩鑫　郭晴美

小熊家基本資料

大班

教師：郭佩鑫、郭晴美

實習教師：吳政瑩

幼兒：博潘、根騰、羿云、可薇、淳馨、婉忻、岳穎、柔瑾、維仁、
玟菁、智宇、薏凡、昱蓁、敦硯、蕙慈、少祺、東睿、昀潔、
羅立、紫宸、維廷

引導：認識廟和神明

　　因為每一個孩子幾乎都有過到廟裡拜拜的經驗，所以我們決定讓孩子們發表一下自己的舊經驗，也透過孩子的圖畫看看他們對廟或神明的概念如何？

　　參考孩子的圖畫，我們發現孩子們對於廟的外觀有「斜斜屋頂」的概念，但廟宇的裝飾或神明的樣子就模模糊糊的，可見孩子們相關的舊經驗不足。

　　我們決定強化孩子有關廟和神明的概念，並以「媽祖廟」來介紹「廟宇」，也藉此介紹「媽祖」神像。

　　孩子們除了對媽祖的模樣有興趣之外，也深愛媽祖林默娘的故事，故事的內容中提到默娘從小就很善良、聰明，並有道士到她家教她法術、醫術及天文知識，並有收伏千里眼、順風耳的過程，因為故事編得生動活潑，在老師說的過程中，孩子們馬上配合故事「演」了起來，例如，有暴風雨，就擠成一團，互相低頭依偎，嘴裡說好害怕喔！當默娘施法術時，孩子們就裝求饒聲，我們每說一次故事，他們就等於演了一場戲，每每欲罷不能。

參觀萬和宮和寫生

我們請到導覽人員，詳細為孩子解說廟宇的建築和神像，幫了老師不少的忙。回到學校後，我們一起做參觀後的統整分享，並決定隔天再到萬和宮現場寫生。

隔天我們準備好紙筆、畫板、椅子，孩子們心滿意足地前往萬和宮。一到萬和宮，請孩子們就定位，準備要開始現場寫生時，天空卻不作美，忽然烏雲密布，孩

◉ 圖 5-1 完成的萬和宮寫生

子們說：「老師，好像有雨滴下來了，天好黑，要下雨了怎麼辦？」此時老師靈機一動，面對萬和宮雙手合十、閉眼，祈求著：「拜託！先別下雨！給我們的孩子一個鐘頭的時間畫圖！」當老師睜開雙眼，看到孩子也跟著模仿膜拜起來，嘴裡念念有詞，忍不住笑了起來！活動進行約十分鐘，果真「奇蹟」出現。孩子們說：「老師，拜託真的有用耶！太陽跑出來了！天變亮了！」

入大廟看格局

孩子對廟宇建築有極大的好奇心，於是我們將孩子從主題開始到現在的作品翻拍成圖檔（包括自己曾去過的廟、媽祖的畫像及萬和宮寫生……等），請孩子親自解說分享。介紹過後，老師從中補其不足之處，再翻拍《鹿港天后宮》、《穿梭時空看家園》、《台灣老房子的故事──建築技巧》三本書的照片，帶孩子「入大廟看格局」，一併統整孩子對廟宇建築的概念。

蓋一座廟

主題進行至此,我們和孩子討論裝扮區的布置,有人馬上提到:「我們可以在裝扮區蓋一座廟啊!」既是如此,老師就來個順水推舟。

我們創作的項目有:

●廟的屋頂(平面+立體作品)

包含項目:屋瓦、翹脊、燕尾、麒麟、水果。

作法:各項目完成後利用鐵絲將屋頂固定在旗杆上,並以旗座支撐兩端。

●門神:秦叔寶、尉遲恭(平面作品)

作法:分享故事「將軍站門」後,討論人物特色,再以圖畫紙將人物繪製
　　　完成,最後將其剪下黏在紅紙上。

●石獅子:公獅、母獅、小獅子(立體作品)

作法:先畫平面的獅子,再以紙箱及面紙盒當支撐點,接著以揉捏報紙的
　　　方式做出獅身,全部完成後,噴上金漆裝飾。

●龍和龍柱(平面+立體作品)

作法:分二組,先練習畫平面的龍,再以各式大小紙盒拼湊成二隻立體
　　　龍,最後以膠帶及尼龍繩固定、環繞在廟門兩側的柱子上。

創作的項目雖然不多,但其過程十分繁瑣,實在無法一一分享。至於最精采的部分則是創作龍柱的過程。首先是有人發出了問題:「老師,我們不太會畫龍耶!」這的確是個大問題,老師便講述故事「龍家囍事」,並借來太陽家之前做好的「龍長得像什麼?」的海報,來和孩子分享。

這些龍的特色給我們的孩子許多刺激,把神祕的龍具象化了!孩子照著這些依據完成了兩隻平面的龍,而且各有特色。

無尾熊組:我們畫的龍生日到了,小鳥去送蛋糕給龍。

天使熊組:我們畫的龍其實是在想事情,因為事情想不出來,所以張開嘴
　　　　　巴「啊!」嘆一口氣。

好不容易解決了一個問題，但是卻又來了個新問題：「『龍』是會畫了，但如何布置呢？」

◎ 圖 5-2 天使熊組的龍

昱蓁：放屋頂，屋頂已經有放水果和麒麟，應該要再放龍。

博濬：那龍那麼大，怎麼放屋頂啊？會太重！

婉忻：把龍剪下來貼在柱子上。

根騰：這樣就很像龍柱。

羅立：我們的龍太短，貼在柱子上，別人會看不到牠的尾巴！

晴美老師：那該怎麼辦呢？

智宇：我想到！用一張大大的紙，再畫龍，再塗顏色。

根騰、羅立：這樣會很辛苦耶！

昱蓁：那就變長了！

晴美老師：無尾熊隊畫的龍變長了，可是天使熊隊的龍跟牠比起來就變短了！

婉忻：天使隊的龍因為頭轉過去，身體又彎來彎去，所以看起來會比較短，其實牠的身體很長。

晴美老師：大家都想把無尾熊隊的龍變長嗎？

表決的結果是決定把龍加長。最後孩子決定用各式大小不同的紙盒拼湊成一隻立體龍，而且可以布置在廟前的柱子上變成龍柱。立體龍拼湊接連完成，孩子們又齊力將原本瘦瘦的旗杆（柱子）變粗，並以色紙剪窗花裝飾柱子，立體龍攀在柱子上面，一切均眾望所歸！

創作「媽祖林默娘」的繪本小書

其實在做廟宇建築的這段時間，我們另外安排了早上到校至團討之前的時

間，除了吃早餐外，也練習自編一本「媽祖林默娘」的繪本小書。因為他們太喜歡這個故事了，而且百聽不厭，私下也會自己扮演其中情節，於是先請他們練習編故事。

「媽祖林默娘」的故事接力遊戲

經過一個多月，孩子們的故事陸續完成了，我們先請婉忻和羿云分享她們編好的故事，然後再玩故事接力的遊戲，一人一句，將媽祖林默娘的故事編出來。

故事編完後，孩子們說得過癮，而且幾乎人人都開口發言了，實習老師政瑩將其內容摘錄下來，仔細一瞧，其實和原著很雷同，孩子已經把媽祖林默娘的故事都背下來，這也成了後來布袋戲演出的劇本基礎。

媽祖廟會活動

媽祖的生日就要到了，我們以繪本《媽祖回娘家》來介紹媽祖的生日（農曆三月二十三日），並說明為了慶祝媽祖誕辰，各地信徒都會舉行各種盛大的慶典；我們也以影片「大甲媽祖遶境進香實錄」，觀賞慶典活動中的熱鬧景象。

然後，我們繼續以《台灣民間陣頭技藝》一書，介紹各種著名的陣頭技藝活動：花車、藝閣、十二婆娘、彌勒佛偶、大頭偶、踩高蹺、八家將、千里眼、順風耳、七爺、八爺、舞龍舞獅、假牛、鬥牛陣。

討論各項陣頭技藝的特色，孩子們因為觀賞「大甲媽祖遶境進香實錄」影片時，對廟會的活動印象十分深刻，當老師介紹書上的照片時，多數孩子都能說出各項技藝活動的名稱與特色。

孩子想演布袋戲給神明看

「廟會活動」除了各項陣頭技藝活動外，在廟埕前，還會有各種戲曲的熱鬧上演，於是我們利用《帶你去看戲》繪本，介紹幾種著名的廟前戲：布袋戲、歌仔戲、皮影戲、電影，孩子們也許是曾經在上學期末「迎新特攻隊」新年活動中，看過一場布袋戲的舊經驗，大家都興致勃勃地說要演布袋戲給神明看！

隔天我們便到主題館欣賞兩部布袋戲影片──「雲洲大儒俠」、「霹靂布袋戲」，觀賞後的討論活動，幾個孩子興奮地發表意見，原來他們的爸爸都是布袋戲迷，所以孩子們平時也會接收到相關的訊息，其他的孩子聽到他們的分享，也跟著對布袋戲開始感到濃濃的興趣。

教室裡剛好有現成的布袋戲偶，我們便將戲偶發給孩子們在手上「操弄」把玩看看，孩子們都愛死了，幾乎都爭相搶著把玩，雖然這些戲偶是「西遊記」的偶，但大家一點都不在意，每個都玩得很開心呢！在孩子玩弄戲偶的過程中，我們發現孩子持偶時，無法隨心所欲控制戲偶，雖然這跟技巧有很大的關係，不過更重要的因素是「偶太大了」，完全不適合孩子的手。

原本預計要開始製作布袋戲偶，可是發現孩子對布袋戲的興趣，僅只初期階段，若要馬上晉升到偶，恐怕會有很多困難，所以我們繼續以「掌中天地寬」之多媒體資源，將布袋戲的原由、典故、角色、道具、戲台、技巧……，分類清楚說明，所以孩子對布袋戲，有了更深入的認識。

生、旦、淨、末、丑

我們將布袋戲偶的角色分類，製作成大圖卡，也一一清楚介紹其特色，孩子們立即聯想到「媽祖林默娘」故事中，每個角色的類別屬性：

● 林員外

維廷：是「生」。

智宇：哪是，「生」又沒有鬍子。

根騰：是「末」。

昱蓁：哪有那麼老呀？

老師：「生」有年紀較大的生，也有黑鬍子的生。

婉忻：那就是有黑鬍子的「生」。

● 默娘

大家異口同聲：是「旦」。

老師：為什麼是「旦」？

維廷：因為「小旦」是年輕的。

● 玄通道士

昱蓁：「末」。

維廷：對，是「末」。

老師：為什麼是「末」？

昀潔：因為他的法術很厲害。

羅立：他學會很多法術，所以很老。

博濬：因為「末」看起來很厲害的樣子。

昱蓁：玄通道士要有白鬍子。

● 千里眼、順風耳

維仁：是「淨」，綠色花臉就是千里眼。

昱蓁：可是紅色花臉是好人，順風耳又不是好人。

維廷：不是「淨」，是「雜」啦！

老師：為什麼是「雜」？

維廷：因為妖魔鬼怪都是雜呀！

● 村民、漁夫

大家：「丑」。

老師：為什麼是「丑」？

羿云：因為很好笑呀。

根騰：對，「丑」很好笑呀。

老師：可是村民發生船難明明很可憐，怎麼會好笑呢？

昱蓁：對呀，怎麼會是「丑」呢？

婉忻：是「生」吧。

岳穎：有鬍子的「生」。

最後統整大家分類的結果如下：

林員外→有鬍子的「生」、玄通道士→「末」、千里眼和順風耳→「雜」、村民和轎夫→有鬍子的「生」、默娘→「小旦」。

到「成興宮」觀賞廟埕布袋戲

為了讓孩子有更貼近「布袋戲」的機會，學校特別幫我們安排戶外教學活動——到「成興宮」觀賞廟埕布袋戲，可惜當我們抵達廟埕前，才得知早上都是布袋戲偶「扮仙」時間，所以並沒有看到現場的布袋戲上演，孩子們顯然都非常的失望，一直提出疑問：「為什麼那些布袋戲偶都不動？」我們也利用機會跟孩子說明「扮仙」的原由，而戲團團長阿伯，似乎也看出孩子們的失望，於是拿出幾個戲偶，借給大家輪流拿拿看，體驗拿「大」布袋戲偶的感受，這讓孩子們對戲偶有了更實際的體驗，更清楚戲偶的組合結構，使得日後我們展開一連串的戲偶製作時，孩子們能更清楚知道設計、製作的方法。

旁白是什麼？

既然孩子們決定演出「媽祖林默娘」的故事，來慶祝媽祖誕辰，我們就以孩子先前共同創作的故事大綱為依據，開始討論故事中的人物、道具和布景。

討論過程中，老師欲引導出「旁白」的概念，告訴孩子：「如果戲偶直接走出來，那觀眾會不會搞不清楚他是誰？」

維廷立刻聯想到去「成興宮」看扮仙的經驗，於是提出：我們也可以來扮仙呀！

紫宸接著說：可以讓全部的布偶都排出來，向大家自我介紹，介紹完再開
　　　　　始演。

老師提出疑問：如果有觀眾在戲開演一半才進來看，會不會就不知道這個
　　　　　　角色是誰呀？

淳馨想到一個辦法：可以寫上他的名字牌牌，掛在他的身上，別人就知道
　　　　　　　他是誰了。

老師又提出疑問：如果是小弟弟小妹妹來看戲，他會看不懂字耶！

維廷：可以在字的旁邊寫上注音。

老師：弟弟妹妹也看不懂注音耶，而且如果身體前面掛名牌，這樣會不會
　　　擋住漂亮的衣服呀？

　　突然一片寂靜，大家一臉認真思考的模樣，於是老師忍不住暗示：之前觀
賞戲劇時，旁邊會有人說一些話，讓大家知道發生什麼事，大家的情緒立刻又
high 了起來：有有有……我有看到。

老師：對，那個人就是「旁白」。

維廷：什麼是「旁白」呀？

老師：就是在旁邊說一些話……

博濬：我知道，就是在旁邊說，讓別人很明白。

　　「旁白」原來是這樣的意思，孩子的註解，比我們還簡單清楚呢！

萬花筒之心布袋戲團

　　一齣布袋戲的形成，除了劇本、戲偶、布景外，還要為我們的劇團命名
呀！於是我們請孩子們幫忙想點子，在命名前，提示孩子：名字可以是特別一
點的，讓別人一聽，就會想來看戲，因為這個提醒，孩子出現了幾個很特別的

想法，票選結果，「萬花筒之心布袋戲團」獲得多數人的青睞，全班一起喝采通過這個決定！

接著老師提到：演好一齣布袋戲，需要完成哪些工作？

除了幾項之前探討過的工作外，還有人提出幾個不同的看法：

維廷：要有花圈放在外面，這樣別人就知道裡面在演布袋戲，也可以在地
　　　上貼箭頭，告訴別人怎麼走。
智宇：偶台上一定要有插頭，因為這樣才可以放音樂。
根騰：音樂可以自己敲，不一定要有插頭。
維仁：裝飾舞台。
敦硯：舞台上要有龍。
羿云：台上要有擋住人的布。
紫宸：用布做成窗簾。
婉忻更提到：可以分兩組，一組演國語，一組演台語或英語。

最後孩子們決定用自己最熟悉的語言——國語，把這齣戲演好。

繪製布景

既然演一齣布袋戲的工作內容，已經大致底定，孩子們也分組將每一幕戲的故事大綱、布景都討論出來，也都各自選好組別，於是我們便從繪製布景開始：

第一幕

故事大綱：講述默娘出生在福建省湄州島上的林員外家。
布景：魚、漁港、白雲、船、貝殼、小石頭、林員外家。

89

第二幕

故事大綱：默娘從小聽話懂事，會幫忙作家事、也會跟著爸媽念經。

布景：陽台、客廳、花園、書房、神明。

第三幕

故事大綱：玄通道士到默娘家教她法術。

布景：同第二幕。

第四幕

故事大綱：默娘去採草藥，收服千里眼和順風耳的過程。

布景：山、草、草藥、山洞、太陽、骨頭（維廷：要有很多人和動物的骨頭，表示兩個妖怪吃過很多動物）。

第五幕

故事大綱：默娘二十七歲去世，千里眼、順風耳和她一起飛到天上當神仙，村民蓋廟祭拜她。

布景：廟、海、沙子、樹、船、草、香、拜拜的人。

劇本出爐了

　　老師將孩子們所編繪的「媽祖林默娘」故事做統整後，小熊家的劇本終於出爐了（完整劇本附於本文之末）！

　　我們先在班上試演了一次，把教室裡的偶台架到桌子上，變成臨時舞台，「西遊記」的人物布袋戲偶，則暫時充當「媽祖林默娘」的劇中人物。

製作布袋戲偶

經過第一次的試演活動，發現市售現成的布袋戲偶太大了，不適合孩子的手來操弄，若要孩子演一齣精采的布袋戲，當務之急，就是要有適合他們操弄的布偶。所以，自己動手做的念頭，在和孩子討論的過程中，自然的出現了。

但是，什麼樣的素材，能創作出適合的布袋戲偶呢？要能禁得起孩子們反覆操弄練習，成了素材選擇的首要重點，本來打算利用紙袋做偶的想法，在「不耐操」的評論中，立刻被否決了；「塑膠袋」應該很耐操的，可是因為操弄時會有唏嘛聲響，質地又不夠柔軟，所以也被淘汰。在苦尋不到合適的素材時，郭郭老師的小姑，進行家中掃除時，整理出一大袋的舊衣服，剛好能提供製作戲偶素材，於是我們便將舊衣服剪成衣服形狀。戲偶的頭呢？則是利用教室內現有的養樂多空瓶，請孩子在瓶子上貼上眼睛、鼻子、嘴巴、頭髮⋯⋯，簡易的布袋戲偶就完成了！可別小看這簡易布袋戲偶喔，它可是讓我們的孩子熟悉戲偶的操弄方式，也學會了許多操偶的技巧，更是我們排練活動中，最重要的主角喔！

在一次次的排練活動後，終於有人提出這樣的疑問：簡易布袋戲偶看起來都好像，觀眾怎麼知道它演的是誰呢？看起來不像真正的布袋戲偶、不夠美。老師也覺得既然是演出用的偶，服裝當然就要講究些，政瑩老師回桃園外婆家時，看到外婆有一些做衣服剩下的布，花色都很鮮豔亮麗，於是便跟外婆要了一些，拿來給小朋友進行創作。我們請擔任同角色的小朋友，一起設計該角色的服裝造型，畫出布袋戲偶的設計圖，著手創作時，先在保麗龍球的中間挖洞，放入捲筒狀的紙板，當戲偶的脖子，再利用美勞區的任何素材，裝扮戲偶的頭髮、五官、及服裝造型。

經過大家共同的努力、合作的精緻版戲偶，終於完成了！隨即請每個戲偶的創作團隊，分別上台為大家解說戲偶的特色；當每個戲偶呈現時，都會引來台下的共鳴：「好像喔！做得好好喔！」這樣的讚嘆聲不絕於耳，孩子們對自己的創作引以為傲。

● 表 5-1　孩子們創作的精緻版戲偶

角色	創作特色
林員外	頭上有皇冠，脖子有默娘送給爸爸拜拜用的珠珠。
玄通道士	本來東睿要黏白鬍子，可是岳穎覺得那會太老，所以黏黑色鬍鬚，是男生，衣服也不要黏太多圖案。
千里眼	本來昀潔要用通草當眼睛，可是柔瑾覺得太小，所以加上釦子和活眼，讓眼睛變大。
順風耳	頭上有一圈綠色像孫悟空頭上一樣，蛤蜊殼做大耳朵，衣服太花好像要去渡假。
村民甲	脖子上有圍巾，身上有默娘送的保平安項圈。
村民乙	是女生，長頭髮上有亮片裝飾，嘴巴有塗紅紅的口紅。
轎夫甲	通草做耳朵，釦子當帽子，亮片當口紅。
轎夫乙	珠珠當嘴巴，身上有很多裝飾。
默娘（小時候）	頭髮像包包頭，衣服上有一些裝飾。
默娘（長大後）	頭上有珠珠和髮飾，後面有披風，披風有法力會飛。
接生婆	後面頭髮綁起來，用亮片變嘴巴。（有人説像接生婆嚇一跳的樣子）

裝置戲台

　　布袋戲偶和劇本都已經完成了，我們的戲台當然也要請這群創意十足的點子王，來幫忙構思、設計、製作，於是老師先帶孩子們到書房，實地觀察演出的場地，再回到教室，一起討論戲台的設計規畫圖：

羿云：上面要綁一條亮亮的線，像聖誕樹上面的那一種。

根騰：柱子上面可以貼龍，變成龍柱。

蕙慈：旁邊要有像窗簾的布。

東睿：布袋戲要演的時候，窗簾就打開；沒有要演的時候，窗簾就關起來。

昱蓁：架子上的玻璃，演戲的人會被看到。

維廷：可以用金箔紙將玻璃擋住。

博濬：可以貼布袋戲團的名字。

薏凡：可以用塑膠繩擋住。

維廷：教室裡要有彩色的燈。

老師：如何才能有彩色的燈？

維廷：可以在燈上面貼彩色的紙，就會變成彩色的燈了。

　　在大家的熱烈討論聲中，有人提到：「可以在戲台上畫神明的圖案。」

　　此建議聲一出現，立即有人回應：「我們是要演戲給神明看的，怎麼神明會在戲台上呢？」

　　東睿想到一個辦法：「在觀眾後面的牆上，可以畫神明，表示我們在演戲給神明看。」

　　聽到這個想法，大家都直呼「太棒了！」這個建議，獲得全體一致的認同，甚至有人迫不及待要去畫神明，準備貼在牆壁上呢！

　　在和孩子們討論之前，我們三位老師已經先勘查過演出場地，並規畫出合宜的舞台設計，但在和孩子討論時，我們先不把規畫內容提出，聽聽孩子們提出的想法和意見。結果孩子們跟我們實在太有默契了，提出的意見跟我們的規畫八九不離十，甚至還提到我們所未曾思考過的點，例如，維廷提的彩色燈、東睿說要在戲台對面的牆上，畫上神明，表示要演戲給神明看……，這些有趣的細節，我們都會納入考量，大家一起分工將戲台完成。

　　雖然先前曾經請孩子依照劇情繪製過五個布幕，但因為其大小與現場決定的戲台位置不符，我們只好放棄它而選擇重新繪製。於是在戲台規畫完成後，就請孩子們分組在二塊大布幕中，畫出欲呈現的圖，「天空布景組」的孩子，在布景上畫了太陽、白雲、小鳥、蝴蝶、高山……；「地面布景組」的孩子，則是畫了很多的花花草草、還有人強調要在山洞前面，畫很多骨頭，表示山洞裡的妖怪吃了很多人。我們利用各種技巧完成的大布幕，掛在戲台時，整體效果很不錯，布袋戲台的雛型，就在大家一點一滴的努力下，逐漸完成了。

努力排練

一場好的演出，當然要有充分的準備，並且不斷的演練，從中找出缺點並加以改進，多位家長和我們分享，孩子回到家會主動請求爸媽陪伴練習，甚至還有人週末假日放棄出遊的機會，就是為了要將台詞記熟，孩子們的認真執著，讓所有的大人都深受感動呢！有了家長們的陪伴練習，孩子們已經都能熟記劇情。

◉ 圖 5-3 排練情形

我們常常將兩組演出人員，分別帶開練習，雖然是演出相同故事情節，但希望兩組各自發展出不同的表演方式。

針對排練的成果，和孩子們討論須注意的事項，訂下幾點共同的約定：

1. 說話的聲音要大。
2. 說話時，戲偶要動，台下的人才知道你在說話；沒說話時，戲偶就不要動。
3. 在後台準備的人員，要保持安靜。
4. 輪到出場時，動作要快。
5. 說話的聲音要有感情。

劇情的部分，兩組人員都準備的差不多了，為了讓觀眾看個明白，我們加入開場的扮仙及演完的謝幕流程。政瑩老師為我們蒐集了許多布袋戲的相關音樂，其中一首音樂非常適合用在開場，於是我們便請每個角色來扮仙，配合音樂來搖晃戲偶，音樂停就停止搖晃；這樣的扮仙，在排練時就獲得許多路過的老師們大大的好評，於是我們的孩子對於扮仙，就更加認真賣力。而謝幕方面，為了滿足孩子強烈想露臉的慾望，於是我們在演出結束時，由老師一一介紹每位演出者，該演出者就從戲台下方站起來，露露臉、揮揮手，讓爸爸媽媽

們能拍幾張照片留念，也為我們的布袋戲曲留下美好的回憶。

宣傳海報

布袋戲的事前準備工作，從編擬劇本、製作戲偶、規畫戲台，到排練活動都已大致完成，還有一項最重要的事——宣傳工作。

老師：如何才能讓大家知道我們演出的組別和演出時間？

婉忻：做卡片，寫在卡片上。

維廷：門口放牌子，寫兩組的名字。

昀潔：海報貼在門口，上面寫名字。

羿云：放一個盒子在門口，盒子裡面有放紙，上面有寫演出的時間和組別。

智宇：把照片貼在門口。

昱蓁：照片旁邊寫名字。

蕙凡：還要寫上時間。

綜合大家的意見，我們將宣傳海報製作完成，放在書房的門口，立刻吸引許多路人的注意，看來我們宣傳的第一步，有了立即的成效！

一切都準備就緒，五月十四日成果展當天，我們的演出終於精采且圓滿的落幕了！許多家長看到孩子們所呈現出的成果，都覺得很不可思議，而且也都非常感動喔！

「媽祖林默娘」劇本

第一幕

旁白：在一千多年以前，福建省的湄洲島上有一個善良的林員外，他已經

有五個女兒、一個兒子，所以當他老婆又懷孕的時候，他希望是一個兒子。

（林員外走來走去，著急的樣子）

林員外：到底生了沒？是男生還是女生呀？

（接生婆抱了一個小 baby 走出來）

接生婆：恭喜林員外，孩子生出來了。

林員外：是男生還是女生呢？

接生婆：是個白白胖胖的女孩。

（接生婆把孩子交給林員外）

林員外：是女孩喔，真可惜！

接生婆：我從來都沒有看過這麼特別的小孩，她生下來，都沒有哭喔！

林員外：她對我笑耶，真是可愛的孩子，既然她不會哭也不會吵，我就叫她默娘吧！哈！哈！哈！

（林員外抱著小 baby 開心的走下台）

第二幕

旁白：默娘從小就很乖會幫忙做家事。

默娘：地板髒了，我來掃地拖地，我還會幫忙擦窗戶。

（小默娘掃地、擦窗戶）

林員外：默娘好乖喔！

（林員外摸默娘的頭）

旁白：默娘四歲就跟著爸爸媽媽跪在佛像前面拜拜念經。

（默娘跟林員外跪著念經，念完經站起來）

默娘：爸爸我們去花園散步好嗎？

林員外：好，走吧。

（默娘跟著爸爸走下台）

第三幕

旁白：默娘一天天長大，因為她心地善良，很喜歡幫助別人，所以大家都很喜歡她。在十三歲的時候，有一個人到林員外家……

林員外：請問你是誰呀？

玄通：我是玄通道士，我要帶默娘去山上學法術和醫術，讓她可以幫助更多人。

林員外：去山上……不行，我會很擔心她，也會很想她。

玄通：那我在你們家教她法術。

林員外：好啊！這樣我就可以答應你。

旁白：玄通道士教默娘很多法術，默娘很聰明，一教就會，而且變得很厲害。

（默娘和玄通道士練習法術狀）

第四幕

旁白：有一天默娘到山上採草藥。

（旁邊傳來一陣小女孩的哭聲）

默娘：奇怪，轎子裡怎麼會有哭聲？

轎夫：嘿咻！嘿咻！我們要快一點……

默娘：請問你們要去哪裡？

轎夫：我們要把小女孩送去給山裡的兩個大仙吃。

默娘：要吃人呀？那一定不是神仙，一定是妖怪。

轎夫：我們要趕快走了，大仙肚子餓會生氣的。

默娘：等一下……你們把小女孩放走，讓我來代替她吧！

轎夫：好吧，就讓妳代替她吧！

（假裝將女孩從旁邊放走，默娘假裝坐上轎子裡，轎夫將轎子抬到山洞前面）

轎夫：兩位大仙，你的食物來了。

（轎夫把轎子放下）

轎夫：好害怕喔，我們要趕快跑走。

（千里眼和順風耳從山洞走出來）

千里眼：我們的食物來了。

順風耳：太好了，我的肚子快餓扁了。

默娘：你們到底是誰呀？

千里眼：我是有大眼睛的千里眼。

順風耳：我是有大耳朵的順風耳。

默娘：你們這兩個妖怪，看我的厲害！

（千里眼和順風耳打來打去）

千里眼：啪……你為什麼打我？

順風耳：我又沒有打你。啪……你為什麼打我？

千里眼：我又沒有打你。

（千里眼和順風耳打成一團）

默娘：停！

（千里眼和順風耳停下來）

千里眼：唉喲……好累喔！

順風耳：好痛喔！

千里眼：我們一定是遇到神仙了。

順風耳：仙姑饒命啊！

默娘：好吧，如果你們以後都不再做壞事，我就收你們當徒弟。

千里眼、順風耳：我們一定不敢了，謝謝仙姑、謝謝仙姑。

第五幕

旁白：默娘二十七歲就死了，因為她幫助過很多人，所以大家都相信她和
　　　千里眼、順風耳已經飛到天上當神仙了。

村民甲：默娘真的幫了我們很多忙。

村民乙：是啊！真的很感謝她耶！

村民甲：我們來為她蓋一間廟，讓她可以一直保佑大家。

村民乙：那這間廟就叫做「媽祖廟」。

旁白：以後湄洲島的居民，都尊稱默娘為「聖女林默娘」，只要他們發生
　　　危險，就會對著天空大喊：「聖女林默娘、聖女林默娘」，希望默
　　　娘能保佑大家平平安安。

教學省思與心得

郭佩鑫

　　走了三個月的「媽祖廟」主題，在配合成果展——「種子ㄟ廟會」後，風風光光地結束了！老師也終於可以鬆了一口氣。主題結束，照例要好好省思一番，在種子我已經走過三十個主題，慶幸自己總算是累積了一些經驗，而我也從中發現幾個不變的原則：

1. 備課工作不可少

　　也許我們不清楚孩子的走向如何？但主題進行前、進行中，老師都必須努力做功課。

2. 教師研習課程的重要性

　　我們雖然是「孩子們的老師」，但有時也需要受教於其他專業領域的老師，像這次的主題學校請到月亮家子或的爸爸陳仕賢先生為我們解說台灣的媽祖信仰、黎明閣的阿伯教我們演布袋戲，和小金枝歌仔戲團教我們歌仔戲的身段和唱法，開啟我們不同的視野，讓我們有勇氣做不一樣的嘗試。

3. 豐富資源的支持

　　老師本身及學校都身負蒐集、提供資源的重要任務，才有辦法滿足孩子「即知即行」的心，各班若需要相同的資源，還可以互相支援、共享支援。

4. 團體討論的必要性

　　團體討論是我們每天都要做的事，透過團討老師可以明白孩子的想法，並可以為活動打造基本的藍圖，孩子的口語能力也會增強。

5. 多做重複及統整分享的工作

　　活動安排不必多而複雜，並且需要定時做統整分享的工作，將孩子生活中的舊經驗與新知識巧妙結合，如此可以加深、加廣孩子的經驗。

　　上述原則可以督促自己並提供給大家做參考，不過對我而言，幾乎每一個

主題都會留給我一個難忘的回憶，「媽祖廟」主題除了成就豐富老師的教學經驗外，最可貴的是充分凝聚班級共識，全班變得好團結且默契十足，尤其成果展當天，就是我們布袋戲演出最好、最棒的一次，可謂是「賣力演出」。雖然我經常抱怨工作壓力大，但品嚐甜美果實是會讓人上癮的，就是這樣，讓我可以繼續這樣辛苦的工作，因為我肯定這樣的教學所帶來的價值。最後感謝我的搭檔晴美老師、實習老師政瑩老師以及所有支持我們的家長，沒有這些人的支持，如何完成這「不可能的任務」呢？曲終人散，衷心希望種子幼稚園對每一位孩子的心意，可以這樣繼續感動大家！

教學省思與心得

郭晴美

　　由於自己在民俗文化方面的認知，並非專業、涉獵不多，擔心沒辦法傳達很正確的訊息，平時也就更積極尋找相關的資訊，班上的孩子也幫忙蒐集提供許多資訊，他們假日會請爸媽帶他們到鹿港天后宮、大甲鎮瀾宮、南屯萬和宮，還帶回平安符、平安米、媽祖神像照等，和大家一起分享。有了家長和孩子們的積極配合，我們的主題課程活動，因此而更加豐富有趣。

　　我們的孩子和老師的默契十足（也可以說老師太了解他們的喜好），孩子們萌發出的興趣點，跟老師當初的預期不謀而合，所以整個主題活動的走向，都非常順暢。還記得主題的前半段，我們針對廟宇做了多方面的介紹與討論，還帶著畫板，實地到萬和宮外面寫生，大家更雄心壯志的要一起蓋間廟，憑著對廟宇的認識，蓋出屬於小熊家獨一無二的廟，最後礙於時間及資源的限制，我們只完成了廟宇的外觀，至於內部擺設、結構、神像……，則無法一一呈現，雖然如此，孩子們對廟宇的熱情不減，常會在假日時間，請求家人陪同去廟裡拜拜，還會充當專業的廟宇解說家，詳細解說廟門的走法、石獅子的特徵、門神、龍柱、翹脊……，爸媽們都十分訝異孩子對廟宇了解，竟比大人還清楚哩！東睿去日本旅遊回來時，和大家分享日本的廟和台灣的廟有什麼不一樣的地方，聽他詳細描述的模樣，想必廟宇的學習經驗，讓他出遊時特別留意觀察，才能分析出不同國家廟宇的異同處，看見東睿一臉認真的模樣，老師們真的好感動喔！

　　孩子們了解廟會活動的意涵及慶祝方式後，決定要演一齣布袋戲，來慶祝神明生日，就這樣，我們的課程又掀起另一波的高潮。從開始欣賞布袋戲、製作布袋戲偶、編寫劇本、決定角色、設計戲台、彩繪布景、彩排練習、宣傳活動，到成果展當天的粉墨登場，孩子們是整個活動的決策者，也是實踐者，每

一個活動歷程，都是大家一起討論、計畫、合作完成的，在這些合作的歷程中，孩子們懂得如何在人際互動中表達、溝通、相互協調、適時退讓和尊重他人。

　　演好一齣布袋戲，事前的準備工作非常繁複，而我們的時間有限，如何能讓孩子盡情感受布袋戲世界的迷人之處，又不致因為繁複的籌備工作而打退堂鼓？於是我們把主導權交給孩子，孩子有什麼想法，經過大家的認同後，我們就分工去完成，每個活動的出發點都是孩子喜歡的，只要是喜歡的工作，再辛苦他們都不會喊累喔！

　　進行主題課程活動時，我最喜歡和孩子們一起討論問題、腦力激盪，在討論過程中，孩子們常會拋出許多讓人意想不到的想法，看他們積極面對問題的態度，與活力十足的行動力，真的讓我們這些大人深表佩服。感謝這群聰明可愛的孩子們，讓我能有更多學習成長的機會，在小熊家的每一天，生活時時充滿樂趣；更感謝小熊家熱情的家長們，因為有你們的協助與配合，我們一路走來才能如此平穩順利，感謝大家！

主題名稱	班別	學習期間	教師
媽祖廟	小熊家	2005 年 2 月 14 日 ～ 2005 年 5 月 13 日	晴美　佩鑫

欣賞布袋戲～「臺洲大儒俠」

戶外教學～成長與呈現場布袋戲「亦宛然布袋戲」

繪本～「帶你去看戲」

- 認識布袋戲
- 電腦互動光碟「掌中天地」
- 布袋戲的世界
  - 生旦淨末丑
  - 角色分類
  - 操偶方式
- 決定演出戲劇「媽祖林默娘」
- 籌備工作
  - 林員外
  - 接生婆
  - 玄通道士
  - 小默娘
  - 大默娘
  - (千里眼、順風耳、村民)
  - (確定劇本) 故事接力
  - 劇中人物
  - 製作戲偶
  - 練習用口
  - 演出用口
  - 製作道具、佈景
  - 戲台、宣傳海報
  - (萬花筒之心布袋戲園) 戲園命名
  - 角色分配、背記台詞
  - 排練、預演
  - 正式演出

5/14 成果展～「萬花筒之心布袋戲園」

民俗戲曲

陣頭技藝

廟會活動

「大甲媽遶境」錄影片

《媽祖回娘家》繪本分享

媽祖廟

媽祖
- 引起動機：過年和家人去拜拜經驗
- 誰住在廟裡
- 媽祖林默娘
- 創作故事小書
- 三月份慶生會
- 媽祖傳說故事

廟
- 引起動機：戶外教學～南和宮
- 入大廟、看格局
- 寫生記
- 認識廟宇結構
  - 屋頂 (翹脊、瓦當、滴水)
  - 石獅子 (公獅踩球、母獅伴子)
  - 門神 (秦叔寶、尉遲恭)
  - 石鼓
  - 石珠
  - 凍井
  - 香爐
  - 金亭
  - 恐番拉屋角

龍來的那家譜系一年
- 龍來的那家譜系
- 龍長得像什麼
- 故事分享
- 創作中的困難
- 構思、畫設計圖 → 蓋一座廟

大玄那年龍

「巨龍」合作畫
創作「立體龍」
「龍像什麼」學習單

故事分享～將軍站門 (門神的故事)

門 (門神、石獅子、門檻、石鼓、左青龍、右白虎)
柱子 (龍柱、石珠)
正殿 (凍井、媽祖、香爐、千里眼、順風耳、麒麟)
屋頂 (八仙過海、燕尾、翹脊、龍、瓦當、滴水、斗拱)
天公爐
劍獅、鋦劍

圖美 佩鑫

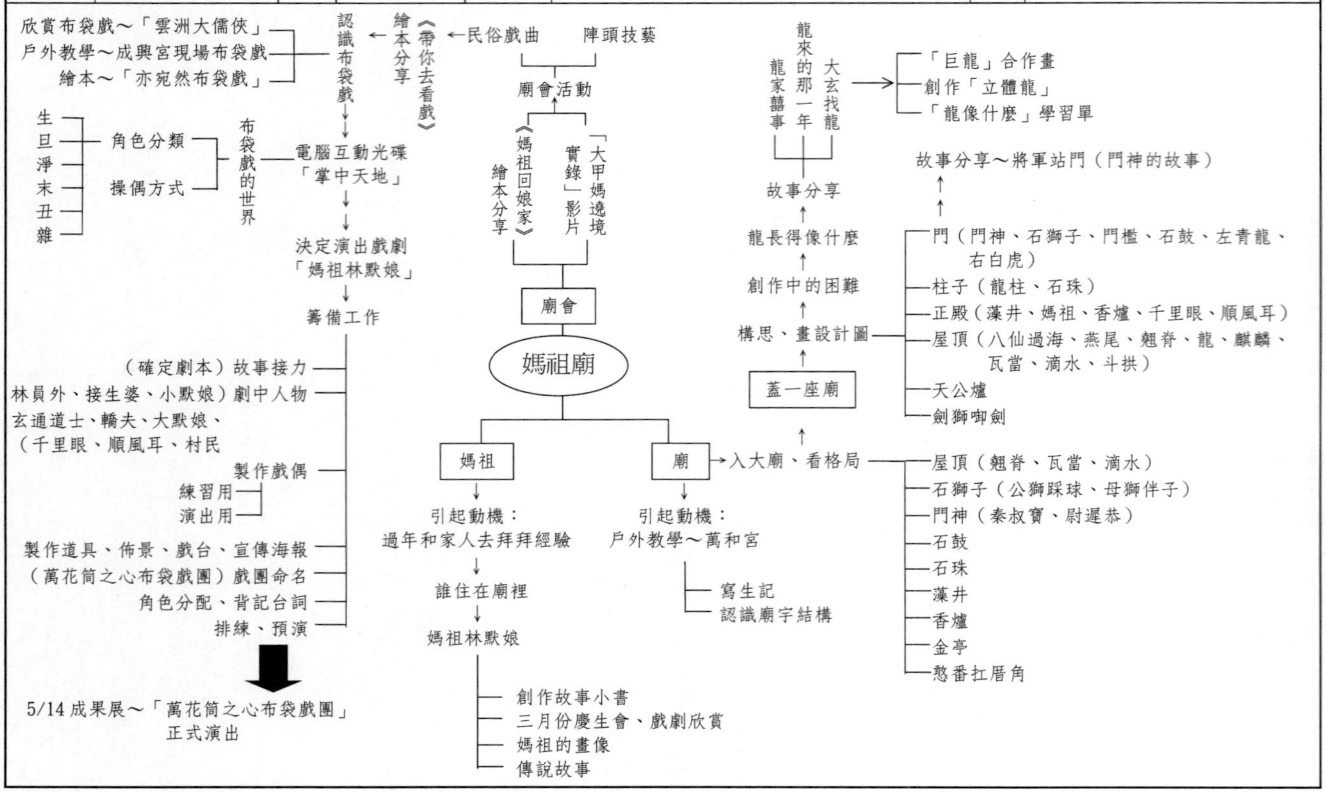

●圖 5-4 成果網絡圖

第六章

舞龍舞獅

陳佳慧　吳淑蓮

舞獅登場表演！

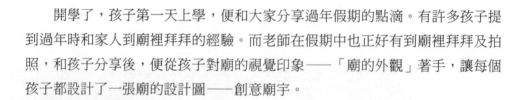

黃鶯家基本資料

大班

教師： 陳佳慧、吳淑蓮

實習教師： 楊梅芳

幼兒： 亭吟、鈺翔、旻承、琬柔、映青、品縉、俊諺、愉珊、佑丞、
家瑞、筠婷、容慈、家佑、昀翰、欣瑜、景婷、品儒、啟豪、
長霖、仁傑、智淵、怡君、佑承

開學了，孩子第一天上學，便和大家分享過年假期的點滴。有許多孩子提到過年時和家人到廟裡拜拜的經驗。而老師在假期中也正好有到廟裡拜拜及拍照，和孩子分享後，便從孩子對廟的視覺印象──「廟的外觀」著手，讓每個孩子都設計了一張廟的設計圖──創意廟宇。

萬和宮之旅

從創意廟宇中，老師發現孩子的作品天馬行空，充滿想像，由於與實際的廟宇有些出入，於是便安排第一次的戶外教學──參觀萬和宮。出發前，老師先和孩子討論參觀時所要觀察的部分：廟的建築→屋頂（三川殿）、門。

到達目的地之後，廟方安排張華芸阿姨為孩子解說萬和宮的歷史及建築屋頂之美：萬和宮為國家第三級古蹟，定名「萬和宮」是強調族群融合，期望信眾「萬眾一心、和睦相處」，而本地人則稱之「媽祖廟」，廟的屋頂最高處是主脊，兩端像燕尾翹起，曲線流暢（早期只有廟宇及當官人家能將屋頂建造成

燕尾脊），主脊上方中央的吉祥圖騰是「龍馬負河圖」，為龍首、龍尾、馬身之神獸，龍馬正看背負河圖，背看為八卦，寓有祥瑞之徵兆。主脊肚為麒麟加四獸——虎豹獅象，表示祥瑞馱負、避邪。

　　主脊的上下緣分稱為上下馬線，兩線的中間地帶叫做脊肚，這部分是以剪黏及交趾陶八仙慶壽，排在中央的是南極仙翁。

韓湘子	何仙姑	張果老	李鐵拐	南極仙翁	漢鍾離	曹國舅	呂洞賓	藍采和

　　屋脊下馬線的裝飾以代表豐饒的水果為主，由左到右是南瓜、蓮霧、楊桃、桃子、石榴、佛手瓜、橘子，桃子代表長壽，橘子代表吉利，石榴、佛手瓜則是多子多孫；由主脊向前後方向下垂的垂脊叫「規帶」，規帶的下方做成收頭（排頭／牌頭）布置一座假山布景，前有亭閣，配以交趾燒，成為一組風雨雷電。左右三川脊上，各有一隻水龍；而左右次間之脊肚上，各有一隻鰲魚。

　　介紹過了屋頂之後，張阿姨又繼續介紹萬和宮正殿外觀：正中央的大門，除了神明（媽祖）出巡會開放外，其他時間都是禁止出入，門上的門神是秦叔寶和尉遲恭，秦叔寶為白面，手拿弓，尉遲恭為黑面，手拿箭；面向萬和宮的右門，是入廟的門口，其旁的牆壁上有雕刻龍，代表魚躍龍門；左門則是出口，原本應該是雕刻虎，但因萬和宮是媽祖廟，怕媽祖一出門看到老虎嚇到，所以改為鳳凰與梧桐樹。

　　當天參觀完萬和宮之後，大家便依所見，畫下參觀之後的廟宇，果然和先前的「創意廟宇」有些不同。

門神創作

　　第一次參觀萬和宮的當晚，兩位老師相互討論後，覺得可以讓孩子嘗試集體的大型創作；隔天，我們便從孩子們分享參觀經驗中，決定由門神創作著

手。首先，老師先介紹門神故事——
「將軍站門」，再呈現老師在網路
上尋找到的各種門神圖案，有風雨
雷電、風調雨順、招財童子、福祿
壽三仙、宮女……，讓小朋友知道
門神不只有秦叔寶、尉遲恭；也輪
流請二至四位小朋友上台想像自己
是門神，比出門神的威武動作。

◉ 圖 6-1 小朋友想像自己是門神比出動作

　　接著我們便和孩子討論在黃鶯
家的門口是否要有門神來保護大
家，小朋友決定要製作「現代秦叔寶及尉遲恭」，配備「現代化的武器」；有
小朋友自願當 model，躺在大紙上讓其他人畫外型，但是身高不夠，於是換請
佳慧老師躺在紙上。但一躺下去，發現紙又不夠長，最後便由淑蓮老師及梅芳
老師當 model。於是，我們便讓孩子們自願選擇秦叔寶組或尉遲恭組，動手創
作囉！

秦叔寶組

素材	塑膠可樂瓶、筷子	膠帶捲、繩子	膠帶捲、筷子	可樂瓶蓋	吸管、面紙盒	吸管、筷子、色紙	色紙
作品	筋斗雲	鐵鍊球	鋼盔	鼻子	斧頭	弓及箭	衣服

尉遲恭組

素材	面紙盒	膠帶捲、尼龍繩、筷子	吸管、面紙盒	瓶蓋、紙盒	日曆、紙盒
作品	盔甲鞋	火箭筒	弓箭	手榴彈	無敵鐵金剛鋼盔

廟宇創作

接著進行裝扮區的討論，小朋友最後決定要蓋廟，想要呈現的東西有屋頂和神像。

屋頂的相關創作品包括燕尾脊、龍馬負河圖、吉祥動物、水果、八仙，完成後就布置在黃鶯家的教室外。至於廟的內部結構，孩子決定要做「媽祖神像」，老師便開始介紹媽祖娘娘林默娘的故事，並以圖片介紹媽祖神像有以下三種：

金面媽祖→代表得道升天
粉面媽祖→代表身為凡人
黑面媽祖→代表代替人們受苦受難、因香火鼎盛被煙燻黑

介紹過後，經全班表決，決定黃鶯家廟的主神是「金面媽祖」。接著，幾位孩子自願畫媽祖設計圖。隔天老師拿出孩子的媽祖設計圖，請全班一同選出欲創作的媽祖神像，筠婷的作品獲得班上一半以上孩子的青睞，而成為黃鶯家主神的創作藍圖。

老師在介紹媽祖林默娘的故事中，提到媽祖的左右護法——千里眼、順風耳，小朋友也想創作左右護法，讓黃鶯家的主神不孤單。

孩子們想動手創作神像，老師就再一次安排孩子到萬和宮參觀。

這次去參觀萬和宮的觀察重點是：媽祖、千里眼、順風耳等三尊神像，以及媽祖出巡的配備。

神像創作

回校之後，我們便協同藝術老師，一同分組製作神像。

◉ 圖 6-2 筠婷的媽祖設計圖

媽祖創作

創作部位	創作內容及素材
頭部	使用氣球黏上報紙。
頭部、臉部、頭飾	將報紙頭噴上金漆，再用毛根、蛤蠣殼做成五官；最後用廢光牒、羊奶蓋、毛線與各種紙盒，創作媽祖帽子。
服飾及配備	使用布、圖畫紙、金箔紙創作裝飾圖案：金元寶、老虎、龍，也使用西卡紙創作令牌及扇子。
身體創作	使用箱子和廢紙球做媽祖身體的雛型。

千里眼創作內容及素材：利用紙箱、紙盒、廢光碟做千里眼，再用羊奶蓋、紙盒做武器，最後用水彩塗上綠色。

順風耳創作內容及素材：利用紙箱、紙盒、紙杯、塑膠杯蓋做順風耳，再用吸管、色紙做武器，最後用水彩塗上紅色。

開放參觀

神像完成了，隔天我們又和小朋友討論神龕還要加上什麼？有幾位小朋友便自告奮勇要製作其餘的物品，包括香爐、香油錢的箱子、虎爺和籤筒。

小朋友們也提議要開放裝扮區讓別人參觀，於是我們便討論如何邀請他們到黃鶯家裝扮區參拜？大家決定要製作邀請卡。

接著，大家一同討論邀請卡的內容：

◎ 圖 6-3 裝扮區完成了

昊承：請家長來萬和宮參觀，可以帶糖果餅乾來投。

怡君：請爸爸媽媽來種子幼稚園黃鶯家的萬和宮參觀。

老師：日期呢？一整天都可以嗎？我們有課要上，在上課時間請爸

爸媽媽來參觀比較不好。

昀翰：星期五早上十點到十一點可以開放。

琬柔：我爸爸媽媽要上班。

旻承：放學時間，媽媽來接你時，可以帶媽媽來參觀。

老師：如果要告訴別人香油錢的箱子不是投錢，是投餅乾、糖果，要怎麼讓他們知道？

愉珊：寫在邀請卡上。

品儒：用畫畫的。

佑承：寫不一定看得懂，要一班一班講。

　　於是，小朋友開始利用西卡紙創作邀請卡，老師也將小朋友提議要寫在卡片上的字記錄在白板上。

```
地點：黃鶯家
日期：四月一日
時間：10：00～11：00 和放學時間
```

　　下午四點過後，老師帶著小朋友一一將邀請卡送到各班教室，並口頭告訴他們要帶糖果餅乾作為香油錢。

　　老師和小朋友討論要在客人進來時感覺到有進入廟裡的感覺，大家想要放什麼音樂？小朋友決定要撥放「大悲咒」，並安排介紹及解說人員。

　　映青媽媽是第一位參觀黃鶯家裝扮區的家長，接下來十點到十一點開放時間，陸陸續續有許多爸爸媽媽和其他班級來參觀，小小解說員們也一一為客人介紹。

陣頭技藝

　　廟的建築部分告一段落了，而當

◎ 圖 6-4 小小解說員替亭吟媽媽做介紹

時正好是大甲鎮瀾宮媽祖八天七夜的遶境出巡活動，學校的宜品老師也去參與此盛會，並用 DV 拍攝下來燒製成光碟。我們就帶著小朋友到主題館播放影片，讓孩子感受一下媽祖出巡隆重又熱鬧的氣氛；當影片中出現舞龍舞獅時，孩子的情緒就特別高亢，驚嘆聲不斷，於是老師決定再深入做介紹。

陣頭技藝有許多種，因各地的慶典或文化而有不同，最為大眾所知的有以下八項：舞龍、舞獅、踩高蹺、鬥牛陣、宋江陣、車鼓陣、布馬陣，和跑旱船等，老師以網路資料作成 powerpoint 檔呈現。

為了配合成果展的演出活動，老師決定先暫緩深入介紹陣頭技藝的課程，由小朋友自己決定現在最喜歡、也最想學的活動：

長霖：舞龍舞獅。
俊諺：作各種作品。
愉珊：跳繩。

經過表決，小朋友們決定要學習舞龍以及創作作品（童玩），所以老師便開始準備蒐集舞龍的資料。

祥龍獻瑞

決定要做舞龍之後，老師先介紹舞龍的來源種類、龍的傳說。

接下來，老師便問：「我們之前有討論到要學習舞龍，在成果展時表演給大家觀賞。」

家瑞：有舞龍也要有舞獅啊！
老師：所以舞龍和舞獅你們都想做？
小朋友：對！全部都要。
老師：好，那我們先來討論舞龍。舞龍的龍頭要怎麼做？
品儒：用氣球貼上很多層報紙。

仁傑：用蛋糕盒子的圓圈。

昀翰：在布裡面塞報紙。

旻承：用箱子做。

老師：那現在請小朋友分組用這四種方式，來畫出龍頭設計圖。

　　小朋友畫出設計圖後，一組一組上台介紹自己的設計圖及創作的方式。經全班小朋友表決，蛋糕組獲得最多同學的青睞，成為班上龍頭設計圖。確定了龍頭設計圖，我們再討論龍頭各部位的製作方式。

●嘴巴部分

亭吟：把蛋糕盒剪開。

旻承：把面紙盒剪開。

景婷：用兩個正方形盒子。

佑承：剪下仁傑設計的嘴巴再貼在龍頭上。

●龍鬚部分

仁傑：用毛線。

怡君：用毛線加羊奶蓋，龍頭搖的時候就會有聲音。

琬柔：用鐵絲。

筠婷：用色紙剪長長的。

●眼睛部分

容慈：用羊奶蓋。

家佑：剪圓形塑膠盒的底部。

啟豪：用色紙和羊奶蓋。

欣瑜：用紙杯。

●龍角部分

筠婷：用樹枝。

鈺翔：用吸管。

俊諺：用筷子。

品儒：用鐵絲和色紙。

　　大家都提出了自己的想法，老師便開放角落讓孩子將想法變成成品，開始動手創作。蛋糕組的設計師們用二個保麗龍盒，將之黏在一起，使用藍色水彩上色，但顏色上不去，且手一摸到龍頭就掉色，怡君和長霖建議改用壓克力顏料。同時，之前創作龍嘴、龍眼、龍鬚、龍角的同學也完成創作，經全班孩子一一比對，票選後黏貼在保麗龍上。小朋友提到尚缺眉毛、耳朵和鱗片，陸續由小朋友幫忙製作並貼上，龍頭的部分終於在大家同心協力下完成了。

　　後來，學校正好邀請中國民俗技藝到校表演舞龍舞獅及各式童玩，看完表演後，老師和孩子一致通過龍的身體要使用舊衣服來創作，全班總動員一同回家尋找不能穿的舊衣服，將之帶到學校創作，並討論要怎麼縫呢？

昀翰：把衣服上的圖案剪掉，再用棍子穿過去。

怡君：用衣服把龍頭套住再接一件。

景婷：一件接一件縫。

仁傑：把衣服剪開再接上。

佑丞：把衣服上半部不一樣的部分剪掉，再接起來。

老師：龍的身體是立體筒狀，舞獅的身體是一片的，那我們就把小朋友帶來的衣服一件一件縫起來吧！目前班上收集的舊衣服還不夠，請小朋友回家再問問爸爸、媽媽。

　　正逢學校舉辦家長座談會，爸爸媽媽要來學校聽演講，我們就利用星期三晚上來縫衣服，當天晚上長霖、愉珊、佑承和仁傑媽媽自願到班上當義工，各自帶著二組小朋友縫衣服。因為縫衣服是一項非常浩大的工程，需要花費很多時間來完成，小朋友就利用平常早餐、角落時間和放學時間拿起針線不斷的縫、縫、縫。

◉ 圖 6-5 縫製龍身

　　一共縫了二十二件衣服後，大家突然發現：我們的龍太瘦了該怎麼辦呢？

筠婷：塞報紙。

仁傑：用鐵絲繞。

景婷：用大管子。

老師：可是學校好像沒有那麼多管子。

旻承：用不要的球。

老師：可是不要的球夠多嗎？

孩子一同說：不行啦！把球都塞進龍裡面，活動館就沒有球了。

智淵：把人塞進去。

　　老師請智淵到台前並將雙手舉高，再請出全班最瘦的欣瑜，將欣瑜打橫放在智淵手上。

智淵：我抱不動。

老師：我們的龍很長，小朋友都塞到龍的身體裡面，誰來表演給爸爸媽媽看。

孩子：不行啦！不能用人，人太重了。

老師：我在辦公室有看到一種紙──碎紙機的碎紙，應該可以塞到龍的身體裡面。

　　最後進行表決決定要塞碎紙，大家開始整理教室不要的紙，一同拿到辦公室變成二大袋碎紙，再將碎紙塞到龍的身體裡，最後加上十枝木棍，由老師負責將龍頭和龍身體縫合，黃鶯家的龍終於完工了。

祥獅獻瑞

　　為了製作舞獅，老師先介紹舞獅的種類及來源。

舞獅的分類，在中國是以長江分為南北兩獅，即南方獅和北方獅，而在台灣，則以新竹分為南北兩獅，即台灣南部獅和台灣北部獅。目前在民間所流行，或慶典上所最常見的舞獅種類，約有四種：閉口獅、開口獅、醒獅、北方獅。

接著，老師提到之前在介紹陣頭技藝圖片和觀賞大甲媽祖出巡影片所看到的舞獅，請大家想想，舞獅的頭部有什麼？

家佑：眼睛很大，有很多毛毛的。

仁傑：有凶凶的眼睛。

筠婷：牙齒。

怡君：眼睛的外面毛毛的。

長霖：嘴巴。

欣瑜：牙齒平平的，脖子上面有鈴鐺。

容慈：獅頭很圓。

老師：我們要做獅頭，要在表演時能用手拿著的，所以我們可以用什麼來做呢？

孩子們看一看教室中的素材，決定使用教具籃來當做獅頭手拿的部分，並用有色西卡紙作獅子的臉，先畫上輪廓，再以美工材料做上五官。所以，小朋友們自願分成男生組和女生組，開始創作。

男生組：用黑色西卡紙、牙膏盒、吸管、瓶蓋、水果護網製作。

女生組：用藍色西卡紙、毛線、瓶蓋、吸管、色紙、紙捲製作。

在過程中，小朋友都能相互提醒在裁剪西卡紙做臉部時，西卡紙不能剪小於籃子的大小，以免被發現在獅頭背後的秘密。頭的部分完成了，身體的部分則由兩塊布來作為獅身。因為舞獅要看起來很漂亮，要有很多毛毛的及許多美麗的裝飾，所以在布上面，小朋友利用了看起來顏色較亮眼的圓點貼紙、亮面膠帶，也在獅頭及獅身的連接部分，將老師裁好的一條條廣告紙折成毛毛蟲的樣子當作鬍鬚，最後再加上瓶蓋作鈴鐺。做完之後，老師請小朋友試試拿著舞

獅舞動一下，沒想到黏在布上的許多貼紙及膠帶都掉光了，所以趕快再用廣告顏料在布上畫出一條條的顏色，舞獅便大功告成了。

趣味童玩

俊諺之前提到要創作作品，大家也同意要做童玩，老師便蒐集資料，介紹許多古早味童玩，例如，竹蜻蜓、陀螺、竹槍、水槍、空氣槍、鐵圈、扯鈴、鳥笛、竹板、懸絲偶、波浪鼓、日月球、彈弓、竹蟬……。

接著，老師便帶大家利用隨手可得的材料，製作簡易又好玩的童玩：

1. 瓶蓋扯鈴：利用毛線和瓶蓋製作。
2. 機關槍：利用瓶蓋、塑膠杯、橡皮筋、毛線、牙籤製作。
3. 鉛筆陀螺：利用西卡紙剪出圓形，在中心點插一支鉛筆。
4. 吊酒瓶：用壓克力顏料彩繪在空羊奶瓶上，再用筷子和毛線、紙藤製作釣竿。
5. 踩高蹺：在奶粉罐上鑽孔，綁上童軍繩，請小朋友在美術紙上畫畫貼在罐身。
6. 甩紙砲：用廣告紙製作。

成果展

所有作品都已經完成，離成果展不到兩星期時間，因成果展要在活動館呈現，所以老師和小朋友便將黃鶯家的裝扮區和童玩作品，一同搬到活動館布置。

五月十四日成果展當天，黃鶯家小朋友負責九點整的開場表演，由報馬仔帶領著全校家長進入種子

◎ 圖 6-6 踩高蹺

的廟會活動。當天表演的任務分配如下：

報馬仔	怡君、旻承	龍珠	家瑞
龍頭	佑丞	舞獅	昀翰、映青、品儒、景婷
舞龍	亭吟、品縉、容慈、俊諺、智淵、欣瑜、家佑、鈺翔、仁傑	抬轎	啟豪、佑承、愉珊、筠婷

　　媽祖廟的主題在「種子ㄟ廟會」成果展中畫下句點，孩子們當天的表演也深獲家長一致的好評，創作的童玩讓家長們感受到重回童年時光的喜悅，活動館的媽祖廟更是吸引無數家長及小朋友的目光。黃鶯家的孩子們不只在成果展中體會到活動圓滿呈現的豐富收穫與成就感，在過程中的辛苦與汗水，也同樣讓他們體會到團隊合作的重要性，相信台灣本土文化能在孩子身上繼續傳承與發揚！

教學省思與心得

陳佳慧

　　媽祖，對出生在台灣這塊土地的人們來說，並不陌生，我們已經習慣性地將「祂」融入在生活之中，常從許多媒體資訊及傳統習俗中接觸到相關方面的訊息。這一次我們有別於以往，將「媽祖廟」這個大家既熟悉，其實又不全然了解的主題，提出來重新再做一次通盤的認識，將一些似懂非懂的觀念，除了大人們自己釐清之外，也介紹給孩子們。

　　還記得在參觀完萬和宮之後，孩子們提到想要將萬和宮「搬到」黃鶯家，這真的是一項超大的工程！不只是廟的輪廓、外型而已，連它的各種雕刻，內殿的神像，我們都必須要仔仔細細的認識，才能展現出萬和宮的特色；而大家也為了這項工程，包括老師、家長、甚至小朋友們自己，尋找了各種書籍、網路資源、報章雜誌等等相關資料，加上實際勘察（兩次的萬和宮戶外教學），慢慢地一步步先完成屋頂部分，進而到神龕製作完工，每個人都各司其職，沒有一個人不為此而努力。

　　製作神像的過程中，負責做媽祖的孩子們先提到要做媽祖的衣服；找到了布之後，大家便要手忙腳亂地開始裁剪，我自告奮勇要當 model，讓這些小小裁縫師將布料圍在我身上，開始量製媽祖的衣服。雖然要不動盤坐一個多小時，可是看到他們認真做事的眼神，相互分配工作，雙手不停忙碌地固定布料、測量長度、裁剪，還會小心的說：「不要剪到老師喔！」真的覺得他們好棒、好厲害，可以完成連我都無法預想到的完美成果。

　　孩子的潛力是無窮的，從這次「媽祖廟」主題中，我深深體會到黃鶯家孩子們的成長，各項大型創作，大家一起分工合作完成，也讓我和他們一同分享成就感，這些孩子已經可以獨當一面了！

教學省思與心得

吳淑蓮

　　每一次陪著孩子探索主題時，都覺得是一個新的挑戰。我在種子的教學經驗中與媽祖主題有兩次的邂逅，雖然三年前已經與一群不同的孩子經歷過一次了，但不同的孩子對主題探索的深度、廣度和興趣皆有所不同。「媽祖」是一種民間信仰，也是台灣特有的風俗民情，在面對台灣鄉土文化的主題時，總覺得自己還有很多的不足，深怕誤導孩子幼小的心靈和認知，還好學校有幫老師安排一連串的教師研習，讓大家對「媽祖廟」的主題有更深的認識，也讓我對廟宇建築的師父和工人有著更深的崇拜，尤其那些牆壁上的畫及雕刻，皆是精緻到教我佩服和感動不已。

　　「媽祖廟」的主題算是比較偏宗教性質的主題，所謂子不語怪、力、亂、神，每當講述媽祖的事蹟時就想到這一句話，深怕誤導孩子。但教授們說，這是一種傳統信仰，也是一個傳說，也是一種鄉土文化。所以我就把它當成一則故事，以平常心講述給孩子聽。雖然這個主題的爭議性較大，但是孩子能從中體驗多元文化觀的學習。

　　在整個過程中，有一件讓我陷入天人交戰的事情：當孩子決定要動手縫製龍身時，一來有安全方面的顧慮，怕孩子拿針時，會有很多不知名的危險；再來是縫製龍身需花費非常多的時間，怕孩子受不了，老師也會瘋掉。但是家長的主動支援、支持和關心，讓我倍感溫馨，所以仍是動工縫了！這真是一條漫漫縫路啊！且當初擔心的兩點都沒有出現，因為老師不斷的耳提面命、示範正確拿針及縫的注意事項，所以孩子在使用針時特別小心，沒有人因此受傷，孩子也很有耐心。其過程中也讓我學到：身為大人的我們要適時「放手」，不要小看孩子的能力，相信孩子是可以做得很好。在主題探索的過程，我陪著孩子完成一項又一項的挑戰，創作過程中雖然會增加很多繁瑣的工作，也要花費更

多的時間，才能完成作品，但孩子在過程學習是很紮實的，且能留下深刻的印象，也因此習得許多新的創作技巧，就如同杜威說的：「從做中學」。最後要感謝所有曾支援黃鶯家材料的學校人員、教授、學生家長，您的全力配合協助以及對我們的支持和信任，強化了師生的創作動力，讓各種創作順利完成，也讓老師信心倍增，主題課程也因此締造了更強的意義。

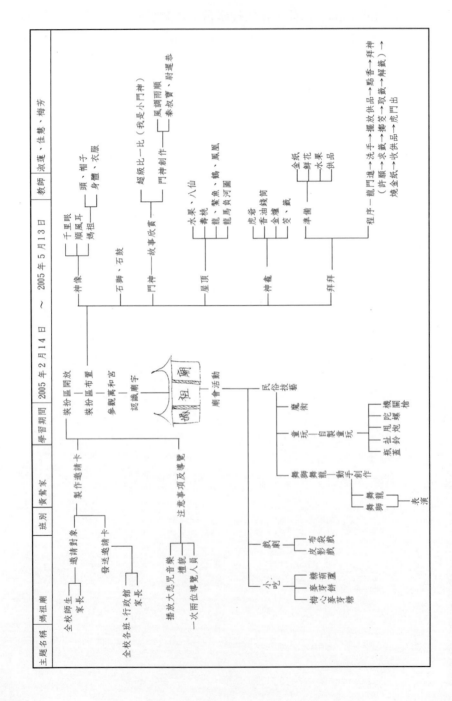

主題名稱	班別	教師	學習期間
媽祖廟	貴賓家	淑速·佳慧·梅芳	2005年2月14日 ～ 2005年5月13日

圖 6-7 成果網路圖

第七章

支持的足跡

陳麗惠

專業研習—布袋戲

2003/02/22

　　在確定中、大班將進行「媽祖廟」主題後，我們的心情為之振奮，甚至一股蓄勢待發的力量從心中湧起。當時，我身為行政主管，趕緊認真設想自己在這主題進行過程中，該如何著手去協助各班的教學？能從何尋求社會資源豐富各班之教學內容？如何能充實老師們之專業知能？尤其以三個月的主題時間，園內主管對教師的支持是不可忽視的，因此各班在進行主題的開端，或師生在共同協商課程的架構前，我得思考是否有與主題相關之校內外資源，可以提供各班作為引導與催化主題發展的工具？我心想，若從文化層面帶入課程，可能讓課程內涵情意多於認知，也可讓孩子擴充生活經驗，接觸到平日較少涉獵的文化內容，就這樣開啟了一連串我對此主題課程的行政支持。而支持的要點，首重於協助校外參觀之順利進行、安排與主題相關的專業成長課程，以及提供符合各班需求之教材資源等三項。

 校外參觀

　　在「媽祖廟」主題的初始階段，各班教師的引導方式不同，但不約而同皆打算藉由參觀媽祖廟開始進行探究活動，我也預知各班的參觀行程將不只一趟，因此安排離學校最近的媽祖廟──「萬和宮」讓孩子進行實地參觀。而黃鶯家是最先提出參觀需求的班級，其參觀目的是欣賞廟宇外觀建築，我即刻行文至萬和宮，告知我們的需求並請之安排導覽志工為我們導覽。而參觀當天有張華芸小姐為黃鶯家解說廟宇三川殿的建築意義及雕塑故事，包括萬和宮之「萬和」代表萬眾一心、和睦相處及三川殿上的龍馬負河圖、廟門前之石獅、石鼓意義、門神的來由、龍進虎出的方向……等。因自己也陪同去參觀，看到張小姐的親切、認真，能隨時注意孩子的視覺角度，努力提升孩子對藝術文化的興趣及對廟宇建築之探索慾望，的確令人感動。而孩子們在參觀結束後的回顧，各自畫出自己所觀察到的廟宇外觀及裝飾物，也激發他們想蓋一座廟的想法。尤其月亮家老師在參觀當天拍攝許多較具代表性建築及造型裝飾的照片，

希望於回園後，讓孩子一再地回顧，師生才能以更細膩之角度，共同討論其造型及典故。而自己也在安排班級進行下一次參觀萬和宮內殿時，請老師作現場錄音，將導覽志工的解說內容錄下，以作為各班回顧之輔助教材。而月亮家因從「龍家囍事」故事中發現八仙至龍家慶壽，衍發孩子們對八仙的好奇，所以開始找尋八仙的蹤跡，例如，八仙彩、萬和宮八仙雕塑圖案……，老師們十足抓住孩子的學習需求，才會引爆孩子後續的演戲動機。

此主題涉及的校外參觀地點及其主要目的如下表：

◉ 表7-1　校外參觀地點及主要目的

參觀地點	主要目的
萬和宮（三級古蹟）	認識廟宇建築、飾物、典故、各種神像
孔廟	尋找龍之九子的足跡
成興宮	觀賞廟埕布袋戲
北財星土地公廟	觀賞歌仔戲

 二 專業成長課程

（一）廟宇文化

考量到導覽志工無法在有限的時間內，將我們帶入民間對媽祖信仰之由來及解說廟宇中雕塑裝飾所代表的意義。在得知月亮家子彧的爸爸陳仕賢先生是位文史工作者，專精於傳統廟宇文化之研究，並有《鹿港天后宮》、《鹿港龍山寺》等著作，亦著力於兒童之鄉土教學。為讓老師們對於媽祖文化及廟宇建築有加深、加廣之認識，特別邀請他蒞校為我們上課，其解說詳盡有趣，如鴛鴦代表恩愛、牡丹代表富貴、松柏代表長壽、四隻蝙蝠代表賜福，龍生九子的特徵……等。各班老師也於教學會議時分享此次課程的收穫，例如，月亮家老

師提及很感謝子彧的爸爸，讓他們以得到的知識搭配參觀萬和宮而得到印證；而太陽家的課程因圍繞在廟宇中的龍柱，並計畫找尋龍生九子的足跡。這次上課讓她們更有概念帶領孩子尋找九子之蹤跡，除了從萬和宮找尋，另又安排至「藍田華生」古典家具店和台中孔子廟尋找。而其班上智翔的媽媽亦上網為太陽家找尋龍之九子資料，並將網址寫於聯絡簿中，請凌蘭老師上網印下內容參考之，也因此完整構成班上龍之九子經驗圖表。家長的積極參與，不僅給老師多一份支持的力量，亦促進孩子的學習動機。

（二）布袋戲

　　小熊家因班上有孩子是基督教徒，基於尊重個人信仰的原則，該班教師之引導方式是以圖畫書切入，因此林默娘的故事在小熊家是倒背如流，當然每位孩子亦主動自編自製屬於自己的林默娘故事繪本。老師也察覺到孩子們的編劇能力愈來愈強，超有想像力的呢！但是他們一直想自己來演林默娘的故事，兩位老師則考量為切合媽祖廟的主題，故以「廟會」話題來引導孩子認識傳統戲曲，師生紛紛討論以何種表演方式來呈現媽祖林默娘的故事，就在此時，孩子表決以布袋戲方式表演，就因為他們曾看過「西遊記布袋戲」，所以布袋戲是他們最想嘗試的。因此我給與小熊家的支援也必須開始囉！除了布袋戲偶、布袋戲影片及音樂外，操偶技巧及偶之角色分配是老師最棘手的，我了解老師們急需接受相關之課程，讓自己有足夠的概念帶領孩子進行研究。我立刻聯絡萬和宮的工作人員，請其提供曾於萬和宮表演之布袋戲團，但第一次與我們聯絡之布袋戲團主一直沒空與我們確定上課日期，但是老師們的需求是急迫的！我便即刻請萬和宮工作人員提供另一個布袋戲團主之聯絡電話，這次就順利多了，一聯繫馬上就敲定上課日期，順利邀請「黎明閣布袋戲」團主江錦賢先生（五洲園第四代）於三月二十九日當晚為全園幼教師上課。而事前我先與江先生溝通課程需求，如布袋戲的來由、戲偶角色介紹、操偶技巧規則、音樂、配音……等，而當晚江先生的上課道具琳瑯滿目，有各種角色之布袋戲戲偶及各式操偶道具、麥克風、擴音器……等。他提到戲曲乃由戰場需求衍生，布袋戲是屬北管戲曲，角色有生、旦、淨、末、丑之分，江先生還將每個角色之造型

特徵及操偶方式一一介紹，表演實是精采。接著，江先生針對林默娘故事中之角色，分出各該具備之造型特徵，如主角林默娘是小旦，衣服不能是白色的、末的戲偶要三十六歲以上才可留鬍鬚、戲偶必須從右邊出場、左邊下台喔！江先生對小熊家老師的建議是先將故事大綱整理，再做角色分配及注意操偶配音之高、低音呈現。而在運用上即需考量是否符合孩子之能力，讓孩子有實際操偶之嘗試，且感受布袋戲曲之樂趣，最後，我亦向江先生確認他們何時將參與廟會之布袋戲演出，即能安排中、大班師生前往觀賞。最後，確定於四月十一日讓孩子至成興宮觀賞布袋戲表演。孫扶志老師亦提供小熊家有關布袋戲之文章及參考資料，讓老師更能以紮實之概念，指導孩子們將自編之林默娘故事以布袋戲呈現。

（三）歌仔戲

　　月亮家的八仙一直熱絡的進行著，甚至孩子們已分配角色投入於扮演遊戲，為配合廟會的戲曲表演，他們決定以歌仔戲方式呈現，尤其廟會歌仔戲的扮仙，就是八仙的表演部分，而對於歌仔戲，我們更是不懂如何和孩子著手進行呢？所以安排歌仔戲的研習課程更是必要。這次我又請萬和宮之工作人員為我牽線，較幸運的是願意為我們上課的「小金枝歌劇團」林美雀老師，正是台中市新興國小兒童歌仔戲社團之指導老師，對於指導小朋友歌仔戲很有經驗。而我們對林美雀老師提出之課程需求，首重於歌仔戲基本功及練唱，安排於四月二日為全園幼教師上課，當天林老師急於知道我們的表演內容，除了指導老師們生、旦之基本功，亦示範八仙表演之走位方式，讓老師們親身走步體驗，她一再強調「基本功」是在唱戲前即需打好的基礎，若基本功不紮實即不能成為合格之戲曲演員哦！歌仔戲來自民間，是台灣民間文化的結晶，也是現存劇種中唯一源起於台灣的本土戲曲。讓幼兒體驗歌仔戲的表演方式，想必是難忘的經驗。就這樣月亮家的「八仙慶壽」歌仔戲逐漸蘊釀，師生持續討論劇情及說唱內容，還帶入踢腿、蘭花指、畫眉、丁定步、生行的指法……等基本功。至於練唱部分，則利用林楚欣老師提供之歌仔戲各種唱調之 CD，月亮家老師先找出一些孩子們較易唱出之曲調，再將之安排於歌仔戲「八仙慶壽」中來說

唱。

我也事先和林美雀老師確認何時可親眼目睹他們的實際表演？後來安排月亮家於四月二十八日前往北財星土地公廟觀賞廟會歌仔戲，而一開始的扮仙，正是這次戶外教學的觀摩重點。美雀老師正是扮演何仙姑，她利用空檔下台來，讓孩子們仔細看看她的裝扮及臉上的妝，對孩子來說，的確是難得的經驗。

為了這個主題，園方針對各班課程的需求，安排的研習課程如下表：

● 表7-2 研習課程表

專業成長課程	主要內容	講師
廟宇文化	廟宇建築之特色、典故、涵義	陳仕賢（文史工作者）
布袋戲	布袋戲的來由、戲偶角色介紹、操偶技巧規則、音樂、配音……等	江錦賢（黎明閣布袋戲團主）
歌仔戲	歌仔戲基本功（曲調唱法與身段）	林美雀（小金枝歌仔戲團）

三 提供教材資源

而歌仔戲表演服裝及道具的製作，是月亮家最難克服的，孩子若能親眼目睹歌仔戲之傳統道具，才能構思以何素材來製作。由於林美雀老師的介紹，我馬上致電至新興國小學務處向郭主任說明我們的需求，並溝通是否可借我們該校歌仔戲之道具、樂器、戲服，由於郭主任清楚我們對教育的用心，為讓孩子能進一步了解傳統文化及體驗戲曲，就毫不遲疑的答應了！唯戲服是屬於新興國小之貴重收藏，故不能外借。但他又另提供曾介紹該校歌仔戲團之公視節目VCD——下課花路米，供月亮家孩子們欣賞，因那是一個教育性節目，不僅適合孩子觀賞，並能更加強孩子對歌仔戲之基本認知。我趕緊將這好消息告訴月亮家老師，他們好開心，我們立刻至新興國小向郭主任借道具及樂器，當天

向郭主任借回拂塵、馬鞭、刀、槍、水旗、小鑼、大小邦子及公視「下課花路米」VCD……等，並簽上借據，得準時歸還，毫不馬虎喔！但最後因老師們希望能繼續借拂塵、馬鞭及樂器，讓孩子在成果展演出時使用，非常感激郭主任的鼎力相助。所以在成果展結束時，月亮家孩子畫了一大張謝卡，以誠心感謝月亮家的貴人——郭主任。而戲服在貨比三家後，決定向大皮球舞蹈服裝公司租借適合八仙之戲服供孩子試裝，老師和孩子們均很滿意，拼命試裝拍照，尤其古裝較少人租，因此衣服還很新喔！看他們臉上洋溢著笑容，自己亦覺得好有成就感。

　　太陽家的花木蘭紙影戲，亦是廟會的戲曲之一，他們在討論龍之九子時，欣賞了花木蘭影片，因其中有隻木須龍是他們唯一看過的動態龍，看它活潑有趣的身影，讓孩子們好喜歡。而當太陽家老師向主管提出他們要以皮影戲形式來呈現花木蘭的故事，而且孩子們已分工合作創編屬於太陽家自己的花木蘭故事，但皮影戲偶的製作及戲棚的搭建是他們較需協助的。在教學分享時，太陽家老師急需這些支援，並提到新光三越有製作皮影戲偶之活動，他們會先去看看。當天我亦過去觀摩，雖無親自製作，但將製作素材及方式記下來，以便不時之需。而凌蘭老師也有所得，我們分享了彼此的想法，最後太陽家老師決定與孩子努力嘗試製作。我則確認他們是否在申請單上填齊所需之素材，包括投影片、長腳釘、汽球棒、彩色玻璃紙……等，這可是大工程喔！製作過程中，孫扶志老師亦給與建議紙影偶可加以鏤空設計，讓投影效果更出色。因此我們所呈現的投影效果果真優於我們在新光三越看到的。至於戲棚的搭建，老師們先以紙箱建構出一個ㄇ字型，並請司機叔叔拉繩固定於牆壁，避免戲棚倒下，孩子們則負責背景布幕的繪畫工作，但眼見成果展日期將到，戲棚因原搭建紙箱變形以致有些傾斜，老師即時求救需要較硬且尺寸相同之紙箱來重搭，我趕緊帶著總務小姐開車前往興農超市搬了幾只回收之衛生紙紙箱回來（紙材硬、大小一樣，符合老師的需求），但老師認為紙箱太大不便搭建，此時大家一同思考如何找來硬紙箱呢？後來到隔壁影印室挖寶，終於湊足需求量，就這樣太陽家的戲棚再次搭建成功！

　　黃鶯家在參觀兩次「萬和宮」後，陸續在教室中創作出三川殿、門神及內

殿之祭拜情境，包括千里眼、順風耳、媽祖神像、拜拜供品等立體創作都相當
經典，且盡量以回收素材來進行製作，在一切講究環保、不造成資源浪費的情
況下，我們對於班上需要之素材都充分配合支援，當然家長的提供亦是很重要
的來源之一。在黃鶯家針對廟會中的陣頭技藝做介紹後，孩子們竟衍生出對舞
龍舞獅的高度興趣，老師立即掌握這個時機，讓孩子展開創作龍、獅的工作。
而相當巧合的是，當兩位老師向我問及除了透過影片及圖片引導外，是否有機
會讓孩子實際觀察陣頭表演之龍、獅造型？恰好之前曾到本校推廣民俗教學的
施先生於前日與我們接洽民俗教學的內容及時間，其內容包括舞龍舞獅的介紹
講解、童玩的玩法示範、夢幻魔術表演……等，這些都間接符合黃鶯家的教學
需求，使他們班的課程得以順利發展。因此，我深深相信孩子的學習是受到祝
福的！當討論到龍身將以衣物縫接而成時，老師先請每位孩子從家中帶來不需
要之上衣，至於縫接工作，班上的家長可是出了不少力才完成的呢！沒想到這
龍身竟成了一次不折不扣的親子創作呢！當孩子們在成果展當天表演舞龍舞獅
時，相信黃鶯家的家長一定與有榮焉！

　　針對此主題，教材資源的提供者有：

● 表 7-3　教材資源表

教材資源	使用班級	來源
歌仔戲道具、樂器	月亮家	台中市新興國小
歌仔戲影片、CD	月亮家	台中市新興國小、林楚欣教授
歌仔戲服	月亮家	服裝出租公司
布袋戲影片、文書資料	小熊家	孫扶志教授、林楚欣教授
紙影戲偶製作方法	太陽家	新光三越紙影戲偶製作活動
皮影戲 VCD	太陽家	林楚欣教授、孫扶志教授
舞龍舞獅技巧、童玩玩法	黃鶯家	民俗教學推廣單位
與媽祖相關之書籍、影片、幻燈片、圖畫書	月亮家、太陽家、小熊家、黃鶯家	校內自有、教師自有
各式回收資源	月亮家、太陽家、小熊家、黃鶯家	校內自有、家長提供、教師自尋

　　這些支持讓教師在課程發展的同時，不但能自我學習和成長，也能提供孩

子具體經驗，更能有自信的讓課程順勢萌發下去，同時也間接鼓勵孩子的學習熱忱和創意表現，更讓家長認同學校為孩子建構的學習環境。

 家長的支持與回饋

　　主題課程是種子幼稚園的教學主軸，它一次又一次讓家長感受到孩子成長的足跡。當校方將「媽祖廟」主題課程之訊息一公布，有些家長在瀏覽課程後提出疑問，例如，為何要進行這主題？課程內容會過度強調對媽祖的信仰嗎？也有一位基督徒家長事先提醒老師，孩子可進廟參觀，但不能拜拜。但相反的，黃鶯家旻承的爸爸則認為學校的確用心，他肯定落實民俗文化教學的重要性。其實家長會有的疑問，我們早已想過，各班老師也都已準備好在尊重家庭的原則下進行課程，並隨時向家長說明孩子在課程中之表現，充分交代自己的作法，讓家長放心。所以課程以廟宇建築文化、媽祖信仰的歷史沿革，及廟會活動開始，再延伸至各班發展出的高潮活動。果然從課程進行開始到結束，家長不但無異議，而且都驚訝、滿足於孩子的學習成果。

　　主題課程是種子幼稚園的教學主軸，校內的家長都已非常熟悉主題教學的模式，除了平日對教師與課程的基本支持外，也經常在必要的時刻伸出援手。在「媽祖廟」主題中，家長提供的支持和協助如下：

● 表 7-4　家長提供的支持和協助

班級	支持和協助
月亮家	為老師介紹廟宇文化
小熊家	陪孩子背台詞、練習操偶
太陽家	提供花木蘭 DVD 和角色玩偶
黃鶯家	到裝扮區參拜媽祖、提供二十二件衣服、協助縫製舞龍

課程結束後，幾位家長分享了他們的心情：

太陽家智翔的媽媽：孩子因班上課程正在找尋龍之九子的蹤跡，假日在家
中仍要求爸媽帶他去文武廟找龍、去山上找龍，學習
動機十足。

小熊家羅立的媽媽：感覺孩子已長大了，竟然還會演布袋戲，我在台下看
了真是百感交集。

月亮家庭翊的媽媽：孩子在家還指導家人唱歌仔戲呢！

子彧的媽媽：好訝異喔！「媽祖廟」感覺對孩子來說是遙遠的，可是經過
三個月的學習，子彧帶回家的分享讓我完全改觀，我才知道
「孩子對各種事物的接受度真是無限大」，大人真的不能低
估孩子的能力呢！

　　家長們的肯定是支持學校繼續堅持專業的重要力量，培養孩子們正向的學
習氣質則是我們責無旁貸的任務。往後，我們仍堅持以最謹慎、最踏實的教育
態度，為幼兒的發展與學習努力，繼續深耕種子！

第八章

種子ㄟ廟會
——教學成果展

葉怡君

每年五月，種子幼稚園都會舉辦一場盛大且熱鬧的教學成果展，今年（2005）也不例外，而今年我們選定的主題是——媽祖廟。

一　規畫

媽祖廟主題進行中，當時身為教學主任的我，一面透過教師日誌、教學會議與巡訪各班教室等方式深入觀察各班的課程走向，一面構思五月成果展如何進行，最後經過大家的同意，將今年的成果展主題訂為「種子ㄟ廟會」，也初步規畫了三大活動軸線：一、精彩戲曲（小熊家的林默娘布袋戲、黃鶯家的舞龍舞獅表演、月亮家的八仙慶壽歌仔戲、太陽家的花木蘭紙影戲）；二、廟攤小吃；三、屬於孩子的靜態作品展。以下是這三大軸線的簡要介紹，並附上當日的活動規畫與傳單。

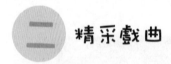
二　精采戲曲

各班在課程過程中都自然的萌發出對一種傳統戲曲的興趣，在決定教學成果展的大方向後，大家都如火如荼的展開演出前的準備活動，其辛苦但有意義又趣味十足的過程都已在前面的篇章敘述，我就不在此贅述。

三　廟攤小吃

規畫過程中，有人建議可賣枝仔冰、糖葫蘆、捏麵人……等，所以我開始

思考學校空間、人手及攤位物品來源等問題，最後決定擺出下列攤位：古早味的抽抽樂、一元小零嘴、打彈珠、保齡球、捏麵人、紅豆餅、糖葫蘆、涼茶站、撈魚區、棉花糖、枝仔冰、草編蚱蜢、麥芽糖餅等，並將其安排在種子的一、二樓走廊。

　　籌備的過程發生了幾件趣事，首先是「紅豆餅」。有一天我經過紅豆餅攤位時，發現怎麼沒人在賣呢？所以鼓起勇氣走進去問問老闆，將來龍去脈說給紅豆餅的老闆聽，並向他借器具，老闆一口便答應了！接著，我們遇到問題了，誰會製作紅豆餅呢？大家推薦燕子家的宜家和秋惠老師。於是我們先將器材搬回學校，再上網查詢製作紅豆餅的材料及方法，著手試做，當然是失敗的啦！但失敗為成功之母，我們再接再厲繼續試試看，總算有一點樣子，可是在開賣前一小時竟然有燒焦的狀況，我們好驚恐呀！趕快將器具拿到洗手台刷洗乾淨，又重新製作一次，果然，皇天不負苦心人，累積一次次失敗的經驗，我們不僅成功了，而且意外的，還很好吃呢！

　　其次，還要分享的是「捏麵人」與「糖葫蘆」，要找尋這方面的專業人才真的很不容易，我雖然有找到一些人，卻因價格高昂而決定自己動手嘗試。我買了麵粉和糯米粉，以四比一的份量調和，再加食用色素，很快的就和好了，本以為成功了，誰知過了一個晚上，麵團發酵變成一大塊，而且有異味產生，我只好趕緊再想想別的辦法，終於找到一位願意協助我們的陶藝老師，請她成果展當天來教孩子們玩捏麵人，真是有驚無險呀！

　　雖然每一個攤位都毫不起眼，但要如何精采呈現，還真是不容易，其過程真的非常辛苦，千萬別輕忽任何一小環節。

 ## 靜態展覽

　　這一個部分要呈現的是孩子平時的學習經驗與創作成果，其內容有下列數項：

（一）廟宇物品

大媽祖神像、千里眼、順風耳、石獅子、祭拜供品、抽籤筒等，都是孩子們參觀萬和宮後回學校一起創作的。

（二）童玩

都是一些較古早的玩具，有竹槍、鳥笛、彈弓、竹水槍等，其實當天成果展到此區玩的以家長居多，家長紛紛表示，這些玩具真的讓我們回想起童年的記憶。

（三）經驗圖表與兒歌海報

各班在主題過程中與孩子討論、分享的經驗圖表，以及一些搭配課程自編的兒歌海報等。

（四）創作作品

由藝術老師帶孩子用各種不同的素材創作的龍柱、陶藝神豬、石獅子等。

（五）校門口的騎樓門牌

這是由小熊家孩子繪製的，孩子先畫出設計圖，再根據設計圖進行創作，費時長達兩週，當我們將騎樓門牌掛上大門口，廟會的氣氛整個都出現了，好壯觀啊！

（六）八仙圖

在一樓的走廊有月亮家孩子們創作的八仙圖，將八仙的每一個表情、神韻都掌握的很精緻，八張大圖掛在走廊上，趣味十足，氣氛好不熱鬧啊！

（七）主題活動翦影展

各班收錄了許多主題課程中的精采活動照片，在主題館輪流放映，並有節

目單放在門口，讓家長在適當的時間進去觀賞，一睹漏網鏡頭。

　　教學成果展籌備到了最後一個禮拜，老天爺竟開始下起雨來，氣象局還發布豪大雨特報，讓我心情跌入谷底。萬一當天下雨怎麼辦？最後我們決定搭起棚子，並到萬和宮拜拜祈求媽祖保佑，希望一切能順利。活動當天一早，我六點鐘就起床了，天空沒下雨，好高興，趕快到學校做最後的準備，結果不一會兒，烏雲密布，一滴、二滴、開始下起雨來了，我也開始擔心這籌備許久的活動會不會被這場雨破壞了呢？所幸支持種子的家長們沒因雨而缺席，很踴躍的來參與活動，讓我一顆忐忑不安的心隨之放鬆了不少。還好，最後不論是動態演出、靜態展覽或者是廟會攤位小吃，都圓滿的落幕了。事後家長們也給我們許多正向和感性的回饋，讓我們覺得好窩心，也願意繼續努力，將更多的教學成果與大家分享。

五　結語

　　雖然成果展當天，大雨滂沱，但最後不論是動態演出、靜態展覽或是廟會攤位小吃，都圓滿的落幕了。這一次教學成果展的成功，要歸功於全園教職員的通力合作，從激盪大家的巧思開始，大家就很有共識，籌備過程中，每個人都願意分擔工作，並精心策畫和執行。

　　每一次種子幼稚園舉辦大型的活動時，大家竭盡心力、全力以赴，共同努力的精神和態度真的讓我很感動，而且透過一次次的活動，大家的感情也拉得更團結更緊密了！

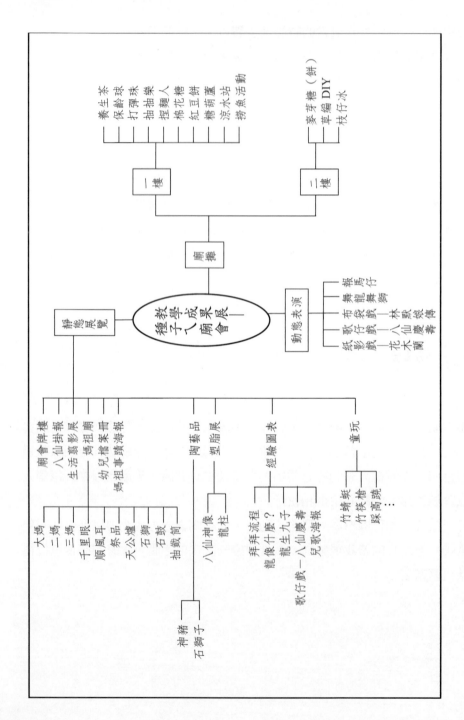

● 圖 8-1 成果網路圖

第九章

三年前與三年後
——比較兩次媽祖主題課程

葉怡君

遶境活動

一 前言

三年前種子幼稚園第一次進行了與媽祖相關的主題——大甲媽祖，當年豐富的課程內容和精采的成果展，令社區鄰里驚豔，其過程未能留下完整的紀錄，讓我們一直深感遺憾。

三年後，種子的老師們決定再走一次和媽祖相關的主題——媽祖廟，並且想將課程完整記錄，以彌補三年前的缺憾。很有創意的老師當然不願意再將三年前的主題內容原原本本的重複一次，所以大家集思廣義，希望設計出更有趣且更有意義的課程內容，讓孩子體驗鄉土文化，也將三年前的教學缺失、不足之處提出來檢討，就這樣我們決定了一個新主題——媽祖廟。

以下我將「大甲媽祖」與「媽祖廟」兩個主題作一比較。

二 課程比較

（一）大甲媽祖

課程全繞在大甲媽祖的身上，包括傳說、遶境、各種習俗、廟宇建築內涵、陣頭技藝及大甲地方特產，主要的參觀地點是「大甲鎮瀾宮」，時間為期八週。在進行主題的同時，孩子們有諸多創作：石鼓、石獅、神像……，最後，中、大班的孩子也在種子的活動館通力合作建造了屬於大家的種子媽祖廟，孩子的創作潛能在成果展中展露無遺，家長都嘖嘖稱奇！

（二）媽祖廟

　　此次的課程以典故、傳說、廟宇、廟會活動為主（陣頭技藝、民俗戲曲、小吃、童玩），時間從八週拉長為十三週，我們決定將引導的步調放慢些，讓孩子可以更深入探究、更深刻的經驗，而參觀地點也從遙遠的大甲拉回到學校附近的萬和宮，讓學習、參觀都因地利之便，可以更具彈性。最後，課程特色則放在現在已快要失傳的皮影戲、布袋戲、歌仔戲、舞龍舞獅和童玩上。

三　資源提供

（一）大甲媽祖

　　教學資源以坊間的書、直接到大甲鎮瀾宮拍攝 DV、遶境的影帶為主。當年，坊間與媽祖相關書籍真的少之又少，跑了台中各大書局，所找到的書籍真的有限，其中更以老師看的書居多，屬於孩子看的反而少。在這種情況下我們只能自編或自製，例如，相關的兒歌念謠、教學圖片、海報……等，為的只希望孩子有多一點較具體的經驗，而非只是抽象的學習。

　　老師為了將主題課程上得豐富深入，自我進修很重要，當老師們發現問題時，我只能提供書籍，並無安排相關進修活動提升老師的相關知能，深感抱歉！

（二）媽祖廟

　　有上次的經驗之後，此次尋

● 圖 9-1 老師們一起研究媽祖的相關知識

找起教學資源就更有經驗了，且上次的書籍、光碟都可再次使用，而且三年後的今天，文化性質的相關書籍、教材確實增加了許多，顯示台灣的教育已愈趨重視鄉土文化，另外，透過宣導，家長漸漸的會將主題相關書籍、訊息提供給我們，以豐富孩子的教學。

有了上一次的經驗後，這次學校舉辦三次的教師成長課程活動。大家經過三次的課程都有著共同的感覺：開放式教學並未有既定的教材，若無相關的學習機會，那老師也無法以正確、多元的學習活動來帶領孩子。

 教師的成熟度

（一）大甲媽祖

礙於資源的不足，老師能力經驗的欠缺，以致當年老師對課程未能有十足的把握，須事前努力的做功課，方能與孩子共同進入主題，而且我們僅以自我閱讀的方式來增加對媽祖的認識，又無相關之具體學習經驗，所以對課程的延伸受到一些限制。

（二）媽祖廟

有了上一次大甲媽祖的經驗後，對此次的主題我們更具信心了！雖然有些班級是新老師，且是第一次參與媽祖廟的主題教學，但我們有著舊老師經驗的分享（每週四利用中午時間進行教學分享），在行政協助上也增加許多，所以對媽祖廟活動進行，我們一點也不覺得有壓力，加上前述一系列與主題相關之進修課程，所以老師的成熟度也大為提升。

老師對主題的熟稔有助於豐富主題內容，所以有時「回鍋」以前的主題並非是沒創意、不求進步的作法，只要願意檢討過去的不適當之處，並加以修正改進，相信老師會帶領孩子進入更精采的課程境界，而老師的成熟度也因此逐

漸提升。

 成果展

（一）大甲媽祖

　　三年前進行大甲媽祖主題時，種子也舉辦盛大空前的成果展，亦是種子第一次的大型成果展，那是一場靜態的展覽——種子的媽祖廟，也就是將學校的活動館改裝成媽祖廟，包含三座媽祖神像、千里眼、順風耳、祭品、藻井、天公爐、石獅、石鼓、大甲文件展、草蓆、草帽、現場大甲酥餅DIY品嚐、智慧大富翁、孩子經驗圖表……等，全部是師生合力設計、動手製作的成果，上下齊心一致，當種子媽祖廟完成時，大家都覺得好有成就感呢！

 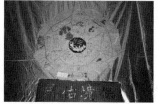 

◉ 圖 9-2、9-3、9-4 孩子的創作

◉ 圖 9-5 大甲文物展

◉ 圖 9-6 大甲酥餅 DIY 品嚐

動態展出則以遶境活動來呈現，其隊伍包括報馬仔→旗牌隊伍→樂隊→媽祖神轎→腳踏車隊→遶境隊伍，媽祖出巡之路線雖不大，但是非常熱鬧！全程沒有人喊累，分工合作抬神轎、拿繡旗，且邊走口中邊念著教過的念謠，看在路人之眼裡是既可愛又有趣之畫面，但對孩子來說卻是

● 圖 9-7 遶境活動

有意義也是勇敢的表現呢！當年在鄉里間引起一陣轟動，還上報呢！

（二）媽祖廟

這次成果展的內容比上回更豐富了！除了有自行建蓋的廟宇之外，還有廟會活動、舞龍舞獅、小吃攤位、布袋戲、歌仔戲、皮影戲，還結合藝術課程的創作活動——龍柱、石獅陶藝……等，以及孩子的主題檔案冊、經驗圖表等。展覽的全是孩子平時在學校的學習過程和結果，不論是動態的，還是靜態的展覽，處處可見孩子愉快的創作影子！

六 課程開放程度

前者是我們大家一開始有共同的目標——蓋一座廟，針對目標合作完成這座廟，每一個班級有各自負責的工作，雖然看似顯得不夠開放、不夠順應孩子的興趣，但我們仍盡量配合孩子的興趣，讓各班進行認養的工作。

後者的開放度大大提升，課程進行過程各自分歧，我正當有點苦惱不知如何籌畫成果展之時，靈機一動何不將各班活動串連成一大型活動呢？如此不但能順應各班孩子的興趣，又能整合各班特色，豐富成果展的內容，足見種子的主題課程又向前一步、更成熟了！雖然後者的歷程無法讓我全盤掌握，有點小

小緊張，但事後我發現依孩子的興趣來發展課程，果然更具意義，且更符合種子幼稚園的教學理想──開放教育的實踐。

　　最後，我將上述比較做一統整如表 9-1。

● 表 9-1　三年前與三年後──「大甲媽祖」和「媽祖廟」主題的比較

比較項目	大甲媽祖	媽祖廟
課程時間	八週（緊湊）	十四週（充足）
課程內容	傳說、遶境、廟宇建築、陣頭技藝、大甲特產	傳說、廟宇建築、廟會活動、戲曲
校外參觀	大甲鎮瀾宮（僅一次）	台中市萬和宮（多次）、孔廟、戲曲欣賞
孩子的課程決定權	較少、課程方向事前早已決定	較多、讓課程隨孩子興趣萌發
班級課程比較	同多於異	異多於同
行政支持	書籍、影帶	更多的書籍和影帶＋教師研習課程
教師能力	較不成熟（初次嘗試＋資源有限）	較成熟（舊經驗、舊資源＋新資源和新學習）
成果展	● 靜態展：種子媽祖廟 ● 動態展：模擬媽祖遶境	● 靜態展：媽祖廟相關創作 ● 創作性戲劇（舞龍舞獅、紙影戲、布袋戲、歌仔戲）
幼兒創造力表現	造型藝術	造型藝術、肢體表現、劇本創編

 七　結語

　　不論是三年前的「大甲媽祖」或者是三年後的「媽祖廟」，雖然課程的內容大不相同，但主要的目標卻是一樣的──落實鄉土文化教學。而進行這個主題其實並不容易，需要克服的事情非常多，然而我們並沒有讓這些問題打倒，反而讓我們更堅定要將媽祖廟主題走得更完整更豐富的決心，最後，大家終於形成共識，勇敢面對一切的挑戰，讓三個月的課程帶領孩子領略傳統文化藝術之美，也為我們的文化做一傳承。

第十章

從創作性戲劇看幼兒的創造力表現
——以媽祖廟主題為例

林楚欣

舞龍出發了！

　　靜觀幼兒的生活，遊戲是其最自然表露的行為，也幾乎是幼兒生活的全部，而且在這些遊戲內容中，充斥著自發性戲劇遊戲（dramatic play），幼兒在其中想像、假裝、扮演，一切都顯得自然尋常且創意十足，他們完全不受時空現實所限制，角色、場域、事物、時間和事件說變就變，說換就換，心智相當自由。而「創作性戲劇」（creative drama）正是尊重此種幼兒自發性戲劇行為的一種戲劇形式。

　　在「媽祖廟」這個主題中，隨著老師的引導和孩子逐漸萌發的興趣，四個班的孩子到最後竟發展出四種不一樣的創作性戲劇（紙影戲、歌仔戲、布袋戲、舞龍舞獅），而且還透過成果展的方式與親朋好友分享，其過程不僅豐富有趣，更重要的是它對孩子具有相當大的意義。

　　本文將先簡介創作性戲劇和幼兒創造力表現的相關概念，進而從「媽祖廟」主題中的四項創作性戲劇來探討幼兒的創造力表現。

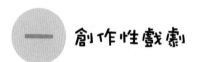
一　創作性戲劇

　　若要追溯創作性戲劇的起源，其實是由美國戲劇教育學家先鋒──溫妮弗列德瓦德（Winifred Ward），在一九三〇年出版《創作性戲劇術》（*Creative Dramatics*）一書的名稱所發展而來（張曉華，1999）。瓦德的教育思想主要是受到約翰杜威（John Dewey）實作學習（learning by doing）理論，與其師紐約大學赫茲邁恩斯（Hughes Mearns）教授的創造力教學理論所影響。所設定的最終目標是在於劇場藝術的表現，它與「兒童劇場」（children's theatre）有密切的關聯性，所以創作性戲劇所採用的創作性教學方法具有劇場與戲劇的二元性。瓦德將這種戲劇性活動實踐於課堂教學內容中，其活動包括四大主要項目（張曉華，1999）：

1. 戲劇性的扮演（dramatic play）。
2. 故事戲劇化（story dramatization）。

3. 以創作性之扮演推展到正式的戲劇。

4. 運用創作性戲劇術於正式的演出。

「創作性戲劇」一詞在一九七七年，經美國兒童戲劇學會（The Children's Theatre Association of America, CTAA）在檢視教育性戲劇之詞彙後，定義為：「『創作性戲劇』是一種即興的、非展示的，以程序進行為中心（process centered）的一種戲劇形式。在其中，參與者在領導者的引導之下去想像、實作（enact），並反映出人們的經驗，以人類的衝動（impulse）與能力（ability），表現出其生存世界的概念（perception of the world），以期使學習者了解之。創作性戲劇同時需要邏輯與本能的思考（logical and intuitive thinking）、個人化的知識，並產生美感上的愉悅（aesthetic pleasure）。」（引自張曉華，1999：37）。

創作性幼兒戲劇可說是現代兒童教育理念發展的結果，從一九二〇年代開始，由於受到進步主義（progressivism）學者杜威（John Dewey）、派克（Francis W. Paker）等人之影響，以為教育應以啟發「全人」為目標：教導兒童不能只重視心智發展，對於幼兒心靈及情感的世界，大人也應予以相同的關注。學習的關鍵在經驗，唯有從實際的經驗中去學習，且以藝術作為媒體，才能培育出健全的個體。在當時，學者們又特別推崇以戲劇藝術作為教育的工具。因為透過戲劇扮演的活動方式，幼兒能運用同理心去了解自己與他人的處境，並從實際的操作中學習如何使用創造性的思考能力去解決所面臨的問題（林玫君譯，1994）。

創作性戲劇的活動，其主要目的不在演出，而在教育，其程序或教育的活動才是真正的重點，但是，如果孩子想與更多人分享他們的成果，公開演出也是受到鼓勵的。這種演出的重點不在技術而在一種示範性質的表現，若教師們能適切的選用劇本或題材，作好演出的排演計畫，發揮想像創意，依程序進行，演出的效果必然是具體而有力量。創作性戲劇成果的示範演出，不論是參與演出的人員或觀眾，都有學習的樂趣與意義（張曉華，1999）。

二　幼兒創造力

　　創造力指的就是一種能創造、發明或生產的力量，涉及的層面涵蓋藝術（例如，想像、美術、文學）及其他有價值有意義的事物（建構的、有目的的）（Isenberg & Jalongo, 1997）。在幼兒具體的創造力表現方面，Weininger（1988）認為想像（imagination）和幻想（fantasy）是幼兒創造力的兩大主要表現形式，所謂想像是一種對當下不存在的人、地、時、物、事形成豐富多元的心像（mental images）或是概念的能力；而幻想則是想像的一部分，特別是當那生動的心像或概念和真實世界差異甚大的時候，幻想進入了假裝的、不可能的領域（至少眼前不可能），它處於一種「如果……」的狀態。

　　Maxim（1989）羅列了許多其他幼兒的創造力表現方式，諸如，探索、實驗、操作、發問、遊戲、組織、創新、重複練習、找尋意義、角色扮演、說故事、藝術工作、創新變通等等。筆者則從平日對幼兒的觀察歸納出下列幼兒創造力表現的特徵：好奇、專注、喜歡探索、自主、想像、自編故事、自編舞步、自創歌曲、畫圖時大膽下筆、經常出現萌發的讀寫行為、肢體動作開放自如、自信、善於回答開放性問題、玩起扮演遊戲來持續力強、適應變化、自己想辦法解決問題、對同一物體有多種玩法或用法、玩起建構遊戲時豐富多變、有實驗精神、對他人提出建議、做事或遊戲時投入、善用各種原始素材達成創造目的、感情豐富等等。

　　幼兒的創造潛能雖然是與生俱來的，但這項潛能有可能在成長過程中受到滋養，也有可能受到壓抑，身為幼兒的照顧者或教育者，必須深切留意自己和孩子互動時的言行作為，才能開啟孩子的創造潛能。許多學者也紛紛提出一些觀點，來提醒幼教老師。Isenberg 和 Jalongo（1997）引申 Rogers（1954）的論點，認為開啟創造潛能主要仰賴兩種內在心理狀態——心理安全、心理自由。所謂心理安全指的是一個不具危險性的外在環境，尤其是幼兒身邊重要的成人

（例如，父母親和老師），如果這個成人可以無條件肯定孩子的價值、避免外在的評量，和強調孩子的獨特性，那麼幼兒便可以感到心理安全。而心理自由則從幼兒的內在釋放出來，當幼兒能夠自在的操弄符號（symbols）並以各種符號來表達自我時，他（她）已發展出一種內在的心理自由，這樣的心理自由讓孩子可以自在的且隨心所欲的運用、調度、玩味他（她）自有的觀點、想法和主意，也可以將自我開放給不同的、新的經驗或看法，更重要的是在這麼多訊息或符號中，他（她）較傾向於自己做評估和決定，而非依賴他人的評估和決定。

　　從社會建構的觀點來看，Vygotsky 認為學習基本上是一種社會活動，孩子透過社會互動內化了社會文化的工具，進而學習和成長，Vygotsky 所提出的「最近發展區」（zone of proximal development）理論，強調孩子在這個發展區域裡可以感到認知的挑戰又不致受挫，正是學習真正發生的時刻。換句話說，讓孩子沉浸在有意義的認知活動中，並提供他（她）適當的社會支持，才能讓孩子發展出較高層次的思考功能，進而展現創造的能力。

　　Hendrick 也特別針對促進幼兒創造性遊戲的教師行為提出具體叮嚀，包括：⑴教師應避免主控遊戲；⑵運用技巧擴展延伸孩子的遊戲時間和內容；⑶鼓勵幼兒意見的分歧性；⑷教師應將自己置於幼兒助手的地位；⑸豐富孩子的生活經驗；⑹提供多樣且非實物的設備和素材（引自林翠湄等譯，1996）。巧合的是，這些給幼教師的建議均建立在前述心理安全、心理自由及社會支持之上。

三　「媽祖廟」主題中的創作性戲劇歷程

　　雖然整個「媽祖廟」主題包括的範圍很廣，但不可否認的，創作性戲劇都成為四個班最後的主要方案，以下即針對每個班的創作性戲劇發展歷程做一簡介。

（一）太陽家的花木蘭紙影戲

　　太陽家的孩子因為「龍生九子」的故事，而演變成一連串有關龍的探究活

動，老師也因此多講了一些有關龍的故事，家長也因此提供了「花木蘭」的影片讓孩子欣賞，沒想到其中的「木須龍」一角竟讓太陽家的孩子著迷，也因此決定要演「花木蘭」的故事。

老師帶著孩子一起將花木蘭的故事稍加改編，讓孩子用自己的語言來創作台詞，成為一齣包含六場戲的劇本。

老師接著引導孩子認識皮影戲的原理，並帶著孩子創作偶、練習操偶的技巧、畫製六場戲的影幕，然後請孩子盡量記下台詞，配合操偶的技巧，實際在自己班上演給同學和老師看，再讓大家提出改進的建議，最後，終於以精采的演出展現在成果展上。

（二）月亮家的八仙慶壽歌仔戲

月亮家的孩子因為對八仙非常好奇，所以班上的課程衍生出許多對八仙的探究活動，老師也介紹了一些八仙的事蹟和故事，因為孩子想演八仙的故事，老師就先讓他們演了一次「八仙過海」，發展到最後又決定要以歌仔戲形式演出「八仙慶壽」。

老師於是帶著孩子編寫劇本、製作道具、畫製布景、研究歌仔戲的唱法和基本身段，身段對孩子而言實在太難，所以簡單比畫比畫就好，曲調就容易多了，孩子熱中練唱的情形完全出乎老師的意料。雖然劇本包括一段歌詞是文言文的詩歌文體，但經老師的解釋後，孩子也都了解它的意思，不但一點都不排斥，還相當喜歡呢！而且後來在劇情的最後還加了一段孩子和老師共編的白話歌詞來祝福看戲的觀眾呢！更有趣的是，這齣歌仔戲可是國語版的喔！

（三）小熊家的萬花筒之心布袋戲團──媽祖林默娘

小熊家的孩子在聽完林默娘的故事後，先是個別以每天一頁的方式編繪出自己的媽祖林默娘故事，最後，再以全班故事接力的方式完成屬於小熊家的媽祖林默娘劇本。

當決定要以布袋戲形式演出時，師生合力研究如何做出精緻又適合孩子操弄的布袋戲偶，同時，一邊演練操偶的技巧、逐漸熟記台詞，還一邊裝置戲

台，並在班上一次次實際演出、修正，最後成果展上的表現也是讓人讚不絕口！

（四）黃鶯家的舞龍舞獅

比起前面三個班級，黃鶯家較慢發展出自己的演出形式和內容，為了不與其他班級重覆，而且孩子也對舞龍舞獅展現高度興趣，老師便乘勝追擊，將孩子引導至一系列相關活動。

舞龍舞獅的戲劇成份較少，孩子不需像其他班級一樣編劇本、記台詞，除了稍微練習動作之外，重頭戲就是道具製作了。黃鶯家的龍和獅可是師、生、親三方合力完成的，尤其是那長長的龍身，共用了二十二件舊衣服包住紙屑串連縫製而成，真是煞費苦心！但成果展當天，黃鶯家的舞龍舞獅的確為活動之初帶來最需要的熱鬧氣氛。

 四個班的創作性戲劇歷程分析

探究四個班的創作性戲劇發展歷程，可發現許多共同點，簡單分析如下：

（一）自發性

每班都是由孩子自己提出演戲的欲求，老師只是順水推舟，並未強制主導。

（二）興致高昂

過程雖然耗費不少時間、遇到不少困難，孩子依然興致勃勃，這也是孩子造就一段有意義的學習歷程與最後演出成功的最重要關鍵。

（三）戲劇形式多元

四齣創作性戲劇各有特色，若依照張曉華（1999）的分類標準，其中太陽家紙影戲和小熊家布袋戲都屬偶戲類，月亮家的歌仔戲則是真人的戲劇扮演，

而黃鶯家的舞龍舞獅則屬儀式戲劇化扮演。

（四）自編劇本

太陽家和小熊家的劇本都是由孩子集體改編原來的故事（花木蘭和媽祖林默娘），再由老師稍加修飾而成；月亮家因為演出的是歌仔戲，台詞包括說與唱兩種，其中歌詞屬詩歌文體，孩子較無能力創作，所以他們一部分採用原劇本裡的歌詞，但最後祝福觀眾的歌詞可都是孩子想說的話，由老師協助編成每句七字的歌詞喔！當然「說」的部分則全是孩子的創作。黃鶯家則因演出龍舞獅的儀式，以舞龍舞獅的動作為主要內容，所以較無劇本的需求。

（五）自製道具

為了這場創作性戲劇的演出，每班都自製了許多道具，太陽家和小熊家的道具以自製的紙影偶和布袋戲偶為主，月亮家則以八仙隨身的象徵物和裝扮為主，例如，張果老的馬鞭和白鬍子；藍采和的花籃等。而黃鶯家的道具則是那辛苦縫製的龍和獅了。

（六）自製戲台和布景

太陽家的紙影戲台由先前大家合力建置的廟宇演變而來；小熊家的布袋戲台則以種子書房（圖書室）的閣樓改裝而成，月亮家則直接以種子陽光舞台做為歌仔戲台之用；月亮家的舞龍舞獅則直接在大門口進行。但除了黃鶯家之外，其他三班都自製了不同的布景，太陽家配合六場戲的劇情，共做了六個影幕；小熊家則把整個戲台裝置得有模有樣，而且充滿童趣：上為天、下為地，而且各有不同的動植物，兩旁則是平面龍柱；月亮家則畫製了一張好大的八仙慶壽圖作為布景，圖中有山有雲有宮殿，宛如仙境一般。

（七）主動反覆排演

既是創作性戲劇，公開演出並非最主要的目標，但孩子和老師都有想要將這樣美好的經驗與親朋好友分享的強烈動機，所以為了成果展上的公演，每班

就多了幾次的排演，但這些排演非但沒有讓孩子對這次的戲劇經驗產生反感，相反的，他們都肯定重複排演的必要性，而且主動性強、參與度高，希望呈現最好的演出結果。

（八）團隊合作

創作性戲劇仰賴團體合作的歷程，在這四個實例中，舉凡劇本、布景、道具、戲台等等都是透過團隊合力創作而成，孩子在其中各自主動肩負著不同的任務，無須老師過多的安排和控制，創作性戲劇的每一環節都逐漸完成，最後終能完整呈現。

（九）自信和成就

這次的創作性戲劇經驗，讓四個班的孩子踏實的歷經了所有的學習和創作歷程，體驗了十足的成就感，他們的能力逐漸養成，他們的自信逐漸滋長，紮紮實實，一點都不假。

五　幼兒在四個班的創作性戲劇中之創造力表現

詳讀本書的第三至六章內容，並仔細端詳所附之照片，我們便可以清楚的看到：四個班的孩子在各班的創作性戲劇歷程中，無論是在劇本、布景、道具、戲偶、戲台、動作或台詞上，一再的展現教人驚嘆的創造力。本節將摘錄部分事證，說明孩子在下列各種創作形式上的表現。

（一）造型表現

這四個班級的創作性戲劇過程中，「造型」是比重最重且最顯而易見的一種創造形式，包括太陽家的戲台、紙影偶、影幕，月亮家的八仙道具，小熊家的布袋戲偶、戲台、布景，以及黃鶯家的舞龍和舞獅等等，皆屬於造型方式的

創造力表現。

孩子們對於看似平凡無奇的素材有著化腐朽為神奇的功力，例如，太陽家廟宇屋頂的造型是剪裁紙箱所製成的；瓦片是用藝術教室蒐集的免洗杯彩繪而成；御路的樓梯用的素材是舊報紙；神階龍以紙黏土雕塑而成；瓦當和滴水盤是利用每月慶生會蒐集到的蛋糕盤，孩子們在金色錫箔紙和牛皮紙畫上雙龍戲珠、雲從龍或翻天覆地等龍的造型後，剪裁下來貼在盤子上，就是一個很環保又具創意的瓦當和滴水盤；而龍柱、正吻和鰲龍則是用平時蒐集的保特瓶、養樂多瓶、瓶蓋和舊報紙製成。最後，這間廟宇也整個轉為戲台之用。

小熊家的布袋戲偶也是經典之作，在布袋戲偶方面，老師請擔任同角色的小朋友，一起設計該角色的服裝造型，畫出布袋戲偶的設計圖，著手創作時，先在保麗龍球的中間挖洞，放入捲筒狀的紙板，當戲偶的脖子，再利用美勞區的任何素材，裝扮戲偶的頭髮、五官及服裝造型。最後，每一個戲偶都各具特色，例如，順風耳頭上有一圈綠色像孫悟空頭上一樣，蛤蠣殼做大耳朵，衣服太花好像要去渡假；林員外頭上有皇冠，脖子有默娘送給爸爸拜拜用的珠珠；大默娘頭上有珠珠和髮飾，後面有披風，披風有法力會飛。

黃鶯家的舞龍舞獅造型創作也相當精彩，例如，龍身是二十二件舊衣服串接加上內塞紙屑而成，獅頭則是使用教具籃來充當，並用有色西卡紙作獅子的臉，先畫上輪廓，再以美工材料做上五官。而月亮家的八仙寶物和裝扮也都是運用各種素材製作而成。

讀者可回到第三至六章與光碟片仔細端詳各班的課程故事與圖片，品味孩子的造型創意。

（二）語言表達

在編劇本的過程中，孩子的創意除了展現在情節的鋪排之外，更重要的是語言的表達。由於太陽家的花木蘭劇本、小熊家的林默娘劇本，和月亮家的八仙慶壽劇本都是改編原本的故事而來，所以孩子在故事的情節上自創成份不高，只是將故事內容化繁為簡，並用自己的語言表達出來。孩子理解故事的內容後，將自己的生活經驗融入故事中，再以自己的語彙表達出來，有些地方再

經由教師修飾，逐步形成劇本。孩子的語言有些很精緻，有些很生活化，更多的是充滿童趣。

例如，月亮家飾演漢鐘離的孩子自我介紹時說：「我手上拿的是扇子，我的扇子搧出來的風很涼喔！」向金母娘娘祝壽時又會說：「祝金母娘娘年年有今日、歲歲有今朝。」

太陽家的紙影戲第一幕，花木蘭說：「我今天要去相親，變成一位高貴的淑女」；小蟋蟀看著茶水說：「好好喝的茶，我要進去泡溫泉」；媒婆插腰生氣的說：「你這個沒用的女孩，真是丟盡花家的臉。」

小熊家的默娘小時候說：「地板髒了，我來掃地、拖地，我還會幫忙擦窗戶」；林員外面對玄通道士要帶默娘上山學法術時，不捨的說：「去山上？不行，我會很擔心她、也會很想她」；轎夫抬著轎說：「嘿咻嘿咻，我們要快一點啦！」

這些只是一小部分的例子，讀者可以詳閱這三個班級的劇本，進一步了解孩子在語言表達上的創意。

（三）肢體創作

這四個創作性戲劇的例子各自呈現出不同的肢體創作，其中舞龍舞獅的肢體動作較多屬於模仿性質，歌仔戲中的八仙在出場時都各自秀一下自己的寶物、外型、性格或能力上的特徵，例如，鐵拐李拄著拐杖一跛一跛走出來，漢鐘離拿著一把扇子徐徐搧著；韓湘子則吹起笛子；何仙姑則轉身展示自己曼妙身材和美麗的服飾。而紙影戲和布袋戲都是透過操弄戲偶來呈現偶的肢體動作，孩子雖不是以自己的肢體來創作，但其難度只有過之而無不及，例如，布袋戲中的轎夫抬轎姿勢；花木蘭、李翔、單于在戰場上的武打動作等，孩子都有精湛的演出，讀者可觀賞本書所附的光碟即可明白。

（四）解決問題

在整個創作性戲劇的發展過程中，孩子和老師都面臨著一次又一次的挑戰，但每一次的挑戰到最後都獲得解決。孩子解決得了的，老師就放手尊重孩

子的意見，孩子解決不了的，老師才提供建議或協助，有時則是師生共同討論出來的方法，而教師協助或代勞的過程其實也提供孩子絕佳的觀察學習機會。這些問題和困難可能發生在編劇時或道具製作時，也可能發生在畫製布景時、排演過程中或其他時刻。而且，每一次解決問題時，都是孩子應用已知已能、試探未知和未能的過程，也是孩子展現創造思考的大好機會。

孩子用創意思考來解決問題的事例在第三至六章中處處可見，這裡只舉一例。當小熊家決定要用書房閣樓作為布袋戲台後，老師帶著孩子實地仔細觀察場地，然後回教室討論戲台如何裝置，孩子紛紛提出想法：

羿云：上面要綁一條亮亮的線，像聖誕樹上面的那一種。

根騰：柱子上面可以貼龍，變成龍柱。

蕙慈：旁邊要有像窗簾的布。

東睿：布袋戲要演的時候，窗簾就打開；沒有要演的時候，窗簾就
　　　關起來。

昱蓁：架子上的玻璃，演戲的人會被看到。

維廷：可以用金箔紙將玻璃擋住。

博濟：可以貼布袋戲團的名字。

蕙凡：可以用塑膠繩擋住。

維廷：教室裡要有彩色的燈。

老師：如何才能有彩色的燈？

維廷：可以在燈上面貼彩色的紙，就會變成彩色的燈了。

在大家的熱烈討論聲中，有人提到：可以在戲台上畫神明的圖案。

此建議聲一出現，立即有人回應：我們是要演戲給神明看的，怎麼
　　　　　　　　　　　　　　　神明會在戲台上呢？

東睿想到一個辦法：在觀眾後面的牆上，可以畫神明，表示我們在
　　　演戲給神明看。

聽到這個想法，大家都直呼「太棒了！」這個建議，獲得全體一致的認同，甚至有人迫不及待要去畫神明，準備貼在牆壁上呢！

維廷又再度舉手發言：我們要在校門口貼指示牌。

老師：什麼指示牌？

維廷：告訴別人——布袋戲請往前。

羿云：書房門口還要貼布袋戲團的名字，別人才知道裡面在演布袋戲。

創作性戲劇如何促進幼兒創造力

「創作性戲劇」之名即明示本身是一個創造的過程，上述的分析也證明孩子的創造力的確在創作性戲劇中清楚展現，本節主要目的是從創作性戲劇之本質、實施過程，與對幼兒發展上的功能，來剖析其對幼兒創造力表現的實質助益（林楚欣，2005）。

（一）創作性戲劇的本質符合創造力的定義和特質

創作性戲劇是一種即興的、自發的活動，幼兒在過程中是一個主動的個體，擁有充分的機會與權利去思考和表達自己，不受他人的權威所控制。而創造力的表現正亟需幼兒展現自主自發的本質，勇於表現自己的意念，不因循他人。

創作性戲劇主要仰賴幼兒的想像能力和假裝能力，此兩種能力讓幼兒突破現實的限制、跳脫眼前的世界、超越認知的架構，幼兒可以任意操弄具體事物和心像符號，在真實與虛幻之間穿梭來回，不受時空限制。而創造力的最重要本質正是創造者能沉澱已知、突破限制、探索新的可能性，可見想像力於創造過程中扮演舉足輕重的角色。

創作性戲劇最精采的部分，是孩子將其想像的世界化為可見、可聽的肢體行為和語言而與他人溝通的時刻，這樣的溝通雖無標準答案，卻需對雙方（表演者和觀看者）均有意義，孩子必須善用身體的每一部分，極力發揮身體的功能，以獨創的動作、表情、眼神、聲音、語言，甚至運用外在的道具，精準的

表現出自己創造的心像，和觀眾進行溝通。這些心像包括角色、情節、對話、場景……，以及其中所有的細節，它是複雜的、細膩的。換言之，它訓練孩子對自己、對他人、對事物的敏銳度和專注力，以及培養孩子將繁複訊息統整為相關的、流暢的、有意義的概念之能力，而這些能力正是創造力的重要基礎。

（二）創作性戲劇的實施過程滿足開啟幼兒創造力的原則

由於創作性戲劇強調幼兒的創造力表現，在戲劇活動中，孩子因為不用擔心是否合乎標準答案而對環境產生了安全感與信任感，善用環境所准許的自由與被完全接納的機會，建立正向的自我概念，繼而表現了自我的獨特性與創造力。教師在創作性戲劇的實施過程中容許幼兒在教室裡分享權力、參與規畫、鼓勵冒險，以激發幼兒創造力，這和前述「心理安全」和「心理自由」是開啟幼兒創造潛能的基本原則之概念不謀而合。

此外，開啟幼兒創造力的另一原則是「提供社會支持」，此項原則亦出現在創作性戲劇活動中，因為創作性戲劇對幼兒而言就像在玩扮演遊戲，等於孩子正在從事一件非常符合自己天性和發展需求的活動一樣，所以孩子在創作性戲劇的過程中，不僅有強烈的動機，更需精準的陳述自己的意見，才能和教師與同伴順利溝通，達成共同的目標，也才能玩得盡情盡興。在孩子具有強烈動機的情形下，正是教師激發孩子創造潛能的大好機會，教師必須在此時問孩子適切的問題，引導孩子進行更多的擴散性和聚斂性思考，提升孩子解決問題的能力，也就是說，教師應扮演好鷹架的角色，提供孩子適當的社會支持，孩子的創造潛能自然能表露無遺。

（三）創作性戲劇對幼兒發展上的功能有益於提升幼兒創造力

創作性戲劇乃源自於「開放」和「以孩子為中心」的理念，並以促進孩子的「全人發展」為目標，強調孩子的發展應是全面而完整的，不應只重視孩子智能上的成長，更應重視孩子心靈和情感的健全。

創作性戲劇強調孩子的獨特性與創造力表現，在戲劇活動中，孩子因為不受標準答案的控制而建立了正向的自我概念，透過和大家一起扮演角色，孩子

不但有參與團體的機會,還能讓自己的特質、興趣及能力受到同儕的接納和尊重,並且享受掌控環境的感覺。

此外,透過創作性戲劇,幼兒極至的發揮想像力,盡情重複自己的生活經驗與對世界的理解,在角色扮演中認知能力漸趨成熟,逐漸脫離自我中心,培養觀點取替的社會認知能力,並能更適切的同理他人的想法和感受。

創作性戲劇的過程提供多元深刻的感官經驗,強調細膩體察和深度開發個人的感官知覺,深信人與人之間存在多種溝通的方式和途徑,這樣突破既定的、傳統的溝通模式之限制,正是啟動幼兒創造力表現的重要力量。

除此之外,張曉華(1999)也認為創作性戲劇更能啟發孩子的「創造潛能」。在戲劇事件安排的各項問題中,引導參與者彼此互動合作、腦力激盪,從發現問題、界定問題、醞釀靈感與執行的過程中,開創出新的觀點,從不了解不重視,到經過群體彼此影響,最後發現新的動能、認知與自信。

承如上述,創作性戲劇讓幼兒從建立正向自我概念,經開放感官經驗和團體的互動歷程,到開發出自己的智能,每一個環節都潛藏促進創造力的重要因子,若能從孩童時期即對孩子進行培養激勵,其未來之創造力將更能表現於各種開創性的事務上。

 結語

事實上,戲劇乃是多種藝術的結合體,也是多重創意的組合;創作性戲劇的主要目的雖不在做正式的登台演出,但孩子卻能從參與的過程中得到許多積極而正向的經驗,開發潛藏於內在的諸多潛能,進而實踐多元的、深刻的創作歷程。無論從本質、實施過程或對幼兒發展上的功能而言,創作性戲劇確實是提升幼兒創造力的適當法門。筆者呼籲幼教老師於課程安排中多加入創作性戲劇的活動,提供孩子安全與自由的環境,開發孩子的感官與想像,深化孩子的認知和思考,藉以提升孩子的創造能量。

這本書所記錄的九十六位四至六歲的幼兒，其所呈現的四齣創作性戲劇就是很好的一個典範。

 參 考 文 獻

林玫君（譯）（1994）。Salisbury, B.T.著，創作性兒童戲劇入門（*Theatre arts in the elementary classroom: Kindergarten through grade three*）。台北市：心理。

林翠湄（譯）（1996）。Hendrick, J.著，幼兒全人教育（*The whole child: Developmental education for the early years*）。台北市：心理。

林楚欣（2005）。析論幼兒創作性戲劇對幼兒創造力表現之影響。載於許娜娜、吳恩澤、劉誠（合編）亞洲四地華人的創意：教育理論與實踐（頁205-214）。香港：泛太平洋。

國立台灣藝術教育館（2000）。藝術教育教師手冊：幼兒戲劇篇。台北市：國立台灣藝術教育館。

張曉華（1999）。創作性戲劇原理與實作。台北市：成長文教基金會。

西文部分

Isenberg, J., & Jalongo, M. R. (1997). *Creative expression and play in early childhood*. New Jersey: Merrill Prentice Hall.

Maxim, G. (1989). *The very young: Guiding children from infancy through the early years* (3rd ed.). Columbus, OH: Merrill.

Rogers, C. (1954). Towards a theory of creativity. *ETC: A Review of General Semantics, 11*, 249-260.

Weininger, O. (1988). "What if" and "as if" imagination and pretend play in early childhood. In K. Egan & D. Nadaner (Eds.), *Imagination and education* (pp. 141-149). New York: Teachers College Press.

國家圖書館出版品預行編目（CIP）資料

媽祖廟：種子幼稚園的鄉土文化課程／林楚欣、
孫扶志編著. -- 初版. --
臺北市：心理, 2006（民 95）
面； 公分. --（幼兒教育系列；51089）

ISBN 978-957-702-901-0（平裝）

1.鄉土教育學－教學法　2.學前教育－教育法

523.23　　　　　　　　　　　　　95007762

幼兒教育系列 51089

媽祖廟：種子幼稚園的鄉土文化課程

編　　著：林楚欣、孫扶志
執行編輯：林怡倩
總 編 輯：林敬堯
發 行 人：洪有義
出 版 者：心理出版社股份有限公司
地　　址：台北市大安區和平東路一段 180 號 7 樓
電　　話：(02) 23671490
傳　　真：(02) 23671457
郵撥帳號：19293172 心理出版社股份有限公司
網　　址：http://www.psy.com.tw
電子信箱：psychoco@ms15.hinet.net
駐美代表：Lisa Wu（Tel: 973 546-5845）
排 版 者：辰皓國際出版製作有限公司
印 刷 者：東縉彩色印刷有限公司
初版一刷：2006 年 5 月
初版三刷：2012 年 11 月
I S B N：978-957-702-901-0
定　　價：新台幣 250 元（附光碟）